Schöne Troggärten und bepflanzte Steine

Fritz Köhlein

Schöne Troggärten und bepflanzte Steine

44 Farbfotos
26 Zeichnungen

VERLAG
EUGEN
ULMER

CIP-Titelaufnahme der Deutschen Bibliothek

Köhlein, Fritz :
Schöne Troggärten und bepflanzte Steine
Fritz Köhlein.
Stuttgart: Ulmer, 1990
    ISBN 3-8001-6389-6

© 1990 Eugen Ulmer GmbH & Co.
Wollgrasweg 41, 7000 Stuttgart 70 (Hohenheim)
Printed in Germany
Einbandgestaltung: Alfred Krugmann, Freiberg am Neckar
Lektorat: Agnes Bartunek
Herstellung: Otmar Schwerdt
Satz: Typobauer Filmsatz GmbH, Ostfildern 3
Druck und Bindung: Passavia Druckerei GmbH, Passau

Vorwort

Im Jahre 1953 erhielt ich als Geschenk das neu erschienene Buch »Der Steingarten und seine Welt«, geschrieben vom Altmeister der Steingärtnerei, Herrn Wilhelm Schacht. Das Werk enthielt auch einen Abschnitt über Miniatur-Steingärtchen in Trögen und Schalen. Man kann es als Initialzündung bezeichnen, denn von diesem Zeitpunkt an war ich dem liebenswerten und interessanten Hobby verfallen. Aus einem mühsam auf Rollen herbeigeschafften Sandsteintrog aus einem nahe gelegenen Bauernhof sind im Laufe der Zeit mehr als 35 Tröge jeder Form und Größe geworden. Während dieser Jahrzehnte ist auch das Angebot an geeigneten Pflanzen größer geworden. Es tauchen immer neue Miniaturen auf, sowohl auf dem Gehölz- als auch auf dem Staudensektor. Die Industrie bietet Tröge und Behälter in unterschiedlicher Größe und aus verschiedenen Materialien an. Die Voraussetzungen sind gut, um sich mit diesem Hobby zu beschäftigen, selbst für Nicht-Gartenbesitzer, die »nur« einen Balkon haben. Es bieten sich die verschiedensten Gestaltungsmöglichkeiten an – vom Anfängertrog mit normalen Steingartenpflanzen oder einer hübschen Sommerblumen-Kombination bis hin zum Trog mit hochalpinen Pflanzen, mit einer Zwergheide oder einem Sumpf in Miniatur. Troggärten sind mittlerweile nicht allein dem Hobbygärtner vorbehalten, das Thema berührt auch die Verantwortlichen im Bereich des »öffentlichen Grüns«, da die Kommunen ihre oft trostlosen Innenstädte mit allerlei Pflanzbehältern aufwerten. Hier kommen pflegeleichte Kombinationen in Frage, und der Möglichkeiten gibt es viele!

Als mir der Verlag antrug, dieses interessante Thema zu bearbeiten, konnte ich nicht widerstehen, und obwohl es mein neuntes Buch ist, ist es auch wieder ein »herzklopferisches«. Ich lege es den Anfängern und den Fortgeschrittenen vor, in der Hoffnung, daß es allen etwas bringt und Freude bereitet. Ich danke meinem Verleger, der mir ermöglichte, dieses kleine Werk mit einer reichen Illustration zu versehen, dem Lektorat und der Herstellungsabteilung für die langjährige, gute Zusammenarbeit. Hilfe erhielt ich von einem liebenswürdigen Gartenfreund aus Oberbayern, der seine langjährige Erfahrung auf dem Sektor der Troggärtnerei uneigennützig dieser Veröffentlichung zur Verfügung stellte. Wie schon Tradition gilt mein Dank auch meiner Frau, die mich bei der Erstellung des Manuskripts wie immer unterstützte. Wilhelm Schacht zitierte in seinem damaligen Steingartenbuch den Ausspruch eines begeisterten englischen Troggärtners: »Trough gardening is the most fascinating hobby in the world«. – Lassen Sie sich auch davon begeistern!

Dr. h.c. Fritz Köhlein
Bindlach, Frühjahr 1990

Inhaltsverzeichnis

Linke Seite:
Dianthus barbatus
'Indianerteppich'
bringt Farbe in die
Trogbepflanzung.

Das Whisky-Faß ist
frisch bepflanzt.
Die verschiedenen
Gräser, Gehölze und
Sukkulenten
werden bald eine
kleine Landschaft
ergeben.

Allgemeine Hinweise

Die Möglichkeiten, einen Trog oder einen Behälter zu bepflanzen, sind enorm groß. Einen ersten Eindruck von der Vielfalt erhält der Anfänger schon beim Lesen der Abschnittsüberschriften im Kapitel »Bepflanzungsbeispiele« (ab Seite 36). Wer völlig neu in dem Metier ist, sollte einen ersten Versuch mit gängigen Steingartenstauden oder kleinen Sommerblumen starten, um sich dann weiter in die breite Materie vorzuwagen. Ein Sprichwort sagt: Es ist noch kein Meister vom Himmel gefallen! Nicht immer sieht das Erstlingswerk so aus, wie man es sich vorgestellt hat. Falls es einem nicht gefällt, die Blütenfarben sich gegenseitig »beißen«, die Pflanzengröße in keinem Verhältnis zur Größe des Troges steht, die Sonneneinstrahlung zu groß oder der Schatten zu tief ist, bedeutet all das für den Troggärtner keine unlösbaren Probleme. Miniaturpflanzen können während der gesamten Vegetationsperiode ohne Schädigung umgepflanzt werden, wenn der Wurzelballen entsprechend groß gewählt wird. Standortprobleme lassen sich ebenfalls einfach lösen, man hat es schließlich mit »mobilen Gärten« zu tun, und da sollte man die Mobilität nutzen, und den Trog an einer besseren Stelle plazieren. Selbst schwerste Tröge lassen sich auf fester Unterlage – auf Rollen – von einer Person bewegen.

Einen Großteil der angeführten Pflanzen kann man ohne Schwierigkeiten beziehen, zwar nicht in der nächsten Gärtnerei »um die Ecke«, aber bei den im Bezugsquellenverzeichnis aufgeführten Firmen. Auch Staudengärtnereien der näheren Umgebung führen meistens ein ansehnliches Sortiment. Das gleiche gilt für größere Gartencenter, die nicht nur das Wald- und Wiesensortiment führen, sondern auch Miniaturen aus dem Gehölz-, Stauden- und Sommerblumensektor. Da für einen attraktiven Trog die unterschiedlichsten Kombinationen in Frage kommen, ist man nicht auf eine bestimmte Pflanze angewiesen, sondern hat unzählige Variationsmöglichkeiten. Natürlich erreicht man als passionierter Troggärtner dann auch einmal ein Stadium, in dem man auf ganz bestimmte Pflanzenkombinationen erpicht ist. Man gibt dann nicht eher Ruhe, bis man das angepeilte Zwerggehölz oder die Kleinstform einer Staude besitzt. Zugegeben, das ist manchmal ganz schön aufregend und mühevoll. Auch jedem anderen Sammler, egal welcher Couleur, geht es nicht anders, und es ist das gleiche erhabene Gefühl, wenn man nach viel Mühe endlich eine seltene Briefmarke oder eine Pflanzenrarität in Händen hält. Der einzige Unterschied ist, daß die Pflanze nicht allzuviel kostet – im Gegensatz zu mancher Briefmarke.

Ein Hindernis, vor dem viele Pflanzen- und Gartenfreunde zurückschrecken – die angehenden Trogenthusiasten nicht ausgenommen – sind die botanischen Pflanzennamen. Nach Möglichkeit sind in diesem kleinen Buch die deutschen Bezeichnungen mit aufgeführt. Man sollte aber bedenken, daß es deutsche Namen nur für heimische und sehr bekannte fremdländische Pflanzen gibt, aber nicht für eine große Anzahl von Raritäten, die gerade auch in der Troggärtnerei verwendet werden. Zudem würde oft eine deutsche Bezeichnung nicht allzuviel nützen, da es sich bei den hier verwendeten Pflanzen oft um Miniaturfor-

9

Bei geschickter Anordnung der Pflanzen und Modellierung der Pflanzfläche können in Trögen tatsächlich kleine Landschaften entstehen. In diesem Miniatur-Steingarten wächst *Potentilla verna* am Rande des umfunktionierten Holzfasses.

men von Gehölzen und Stauden handelt. Fazit: Ohne botanische Bezeichnungen geht es auch hier nicht. Man sollte dem nicht abweisend gegenüberstehen, denn botanische Bezeichnungen sind nichts Geheimnisvolles, sondern nur Namen wie Hans und Gretel. Sie stammen im wesentlichen aus dem Lateinischen oder Griechischen und geben beispielsweise Hinweise auf die Form oder den Standort der Pflanze, oder aber sie sind nach einem Botaniker benannt. Wenn man erst angefangen hat, sich einige solcher Namen einzuprägen, wird es bald zur Selbstverständlichkeit, Pflanzen mit ihrer botanischen Bezeichnung zu benennen. Ein weiterer Vorteil: Ein und dieselbe Pflanze heißt rund um den Erdball gleich.

Schließlich will ich noch auf einen weiteren Vorteil dieser Art von Gärtnerei hinweisen. Man bringt eine Vielzahl von Pflanzen auf geringem Raum unter, und einige Tröge haben auch im kleinsten Garten Platz. Nicht jeder Pflanzenfreund ist gleichzeitig Besitzer eines Gartens; er muß sich auf die Pflege seiner Lieblinge im Zimmer und auf dem Balkon beschränken. Für das Zimmer eignen sich nun die Troggartenpflanzen keinesfalls, aber für den Balkon bieten sich zahlreiche Möglichkeiten, sei es im Balkonkasten oder in einem speziellen Trog. Egal, nach welcher Himmelsrichtung der Balkon ausgerichtet ist, es gibt immer Möglichkeiten für eine Trogbepflanzung. Die folgenden Ausführungen sind so angelegt, daß sie jedem eine Hilfe bieten – dem Bewohner eines Balkons ebenso wie dem Besitzer eines Wochenend- oder eines Hausgartens.

Tröge

Es gibt Hobbygärtner, denen der Pflanzbehälter nur als Mittel zu dem Zweck dient, Kleinstauden und Zwerggehölze artgerecht kultivieren zu können. In den allermeisten Fällen wird jedoch auch ein möglichst dekoratives Aussehen angestrebt. Die Attraktivität eines Troges wird von zwei Faktoren bestimmt: von der Bepflanzung, aber auch in hohem Maße vom Pflanzbehälter selbst. Im Handel gibt es Gefäße aus den unterschiedlichsten Materialien. Die Wahl ist deshalb nicht immer ganz einfach, da neben dem Aussehen auch der Preis, der Transport und das Angebot eine Rolle spielen. Der letztgenannte Faktor fällt besonders bei alten Natursteintrögen ins Gewicht, da diese sehr rar geworden sind. Die folgenden Angaben zu den Materialien, aus denen Tröge bestehen können, sollen helfen, die Wahl etwas zu erleichtern.

Der Natursteintrog beherbergt verschiedene Hauswurz-Arten.

11

Natursteintröge

Nach wie vor ist ein alter Natursteintrog der ideale Pflanzbehälter eines Troggärtners. In den fünfziger und sechziger Jahren, als in der Landwirtschaft – bedingt durch die Stallmodernisierung – viele alte Tröge aus Naturstein nicht mehr ihre ursprüngliche Verwendung fanden, war es nicht schwierig, solche zu beschaffen. Auch heute kann man zwar noch alte Tröge erwerben, doch ist seit dieser Zeit eine Preissteigerung von etwa 500 Prozent eingetreten. Andererseits kann man bei den schönen ehemaligen Tränktrögen für Rinder und den kleineren Schweinefuttertrögen von einer Investition sprechen, die kaum ihren Wert verliert.

Als Ausgangsmaterial wurde früher Sandstein oder Urgestein verwendet und nur in geringerem Maße andere Gesteinsarten. Schöne Sandsteintröge haben eigentlich nur einen Nachteil, daß man beim Transport wegen der erhöhten Bruchgefahr etwas mehr aufpassen muß als bei Trögen aus anderem Material. Ansonsten gibt es nur Vorteile: Sandsteintröge sehen besser aus. Moose und Flechten siedeln sich leicht an, was den naturnahen Charakter unterstreicht. Tröge aus Sandstein haben bei gleichen Außenmaßen ein größeres Innenvolumen und deshalb mehr Pflanzraum als solche aus anderem Natursteinmaterial, da sie materialtechnisch bedingt dünnwandiger hergestellt wurden. Verbunden ist damit auch ein geringeres Eigengewicht, was beim Transport eine nicht unwesentliche Rolle spielt. Tröge aus Urgestein (z.B. Granit) haben den Vorteil der extremen Dauerhaftigkeit. Vereinzelt werden Natursteintröge auch aus neuer Fertigung angeboten, was zu begrüßen ist, da die Besiedlung mit Moosen und Flechten schnell geht (beschleunigt wird dies durch Einstreichen mit einem Brei aus Wasser, Lehm und pulverisiertem Rinderdünger). Diese Tröge sind bald nicht mehr von alten Exemplaren zu

Querschnitt durch einen Trog.

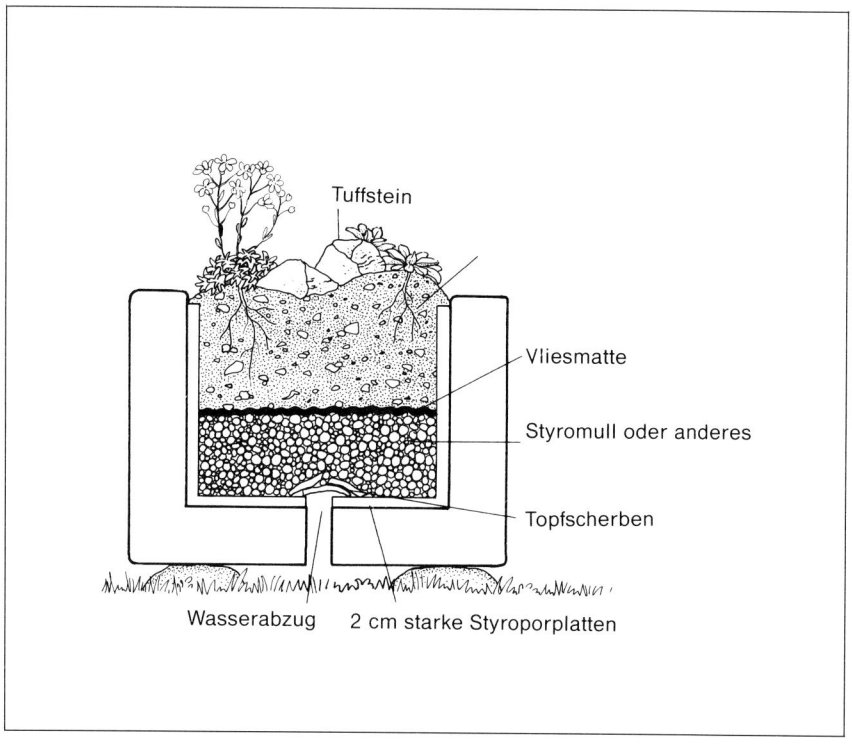

Tuffstein

Vliesmatte

Styromull oder anderes

Topfscherben

Wasserabzug   2 cm starke Styroporplatten

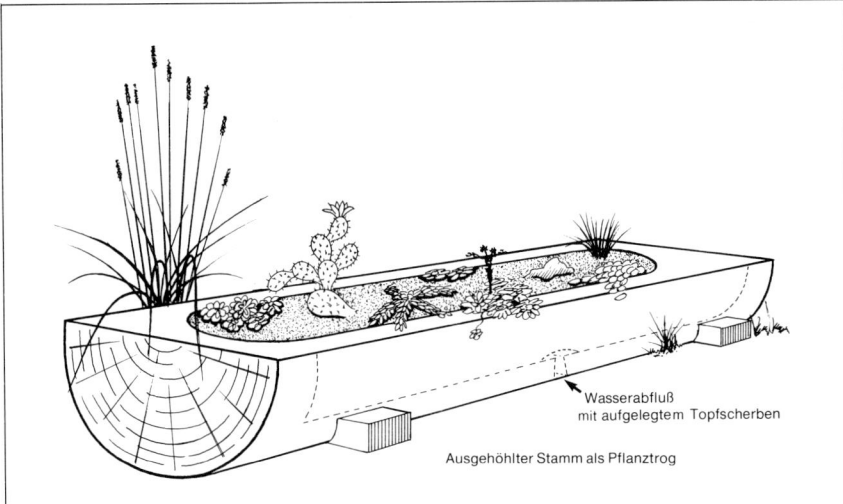

Wasserabfluß
mit aufgelegtem Topfscherben

Ausgehöhlter Stamm als Pflanztrog

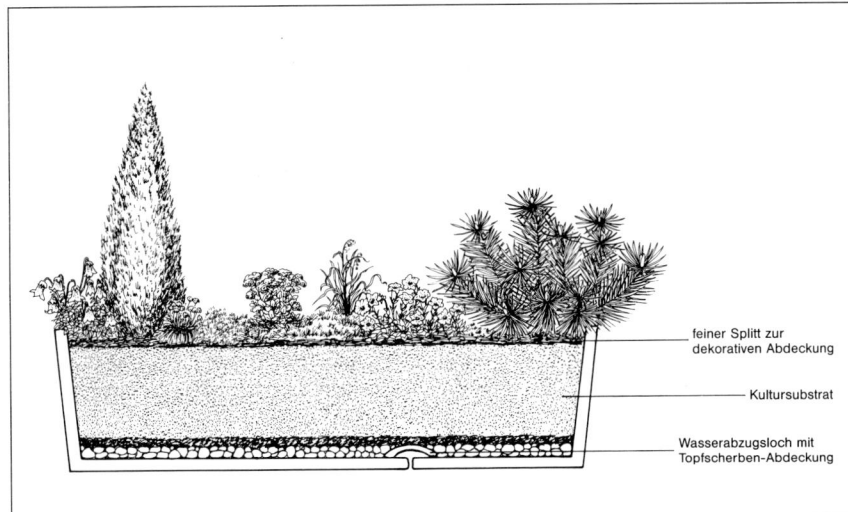

feiner Splitt zur
dekorativen Abdeckung

Kultursubstrat

Wasserabzugsloch mit
Topfscherben-Abdeckung

unterscheiden. Selbstverständlich müssen alte Natursteintröge nicht unbedingt aus Ställen stammen, es können auch Behälter aus dörflichen Küchen, Waschhäusern oder ehemalige Wasserbehälter und Regenrinnen sein.

Holztröge

Holz als Werkstoff wirkt immer warm und sympathisch. Hier eigenen sich besonders alte Rundtröge, die aus ehemaligen halbierten, größeren Bier-, Wein- und Whiskyfässern angeboten werden, obwohl auch diese Quelle langsam versiegt. In den jetzt überall vorhandenen Holz- und Baumärkten gibt es aber ein breitgefächertes Angebot an Pflanzbehältern verschiedenster Formen. Wichtig ist dabei, daß die Wandungen nicht zu dünn und pflanzenfreundlich vakuumimprägniert sind. Das spielt eine große Rolle hinsichtlich der Dauerhaftigkeit. Bei den alten, halbierten Getränkefässern muß man weniger Bedenken haben, sie beste-

Torfbetontrog mit seitlich ausgesparten Pflanzlöchern.

hen aus dickwandiger Eiche, und zwei Exemplare, die seit mehr als 20 Jahren in meinem Garten stehen, zeigen noch keine Spur einer Alterserscheinung. Die neuen Holztröge sind meist aus zusammengefügten Einzelbohlen gefertigt. Es gibt aber auch Tröge aus einem Stück. Dazu wurden halbierte Stammstücke ausgehöhlt und mit einem Wasserabzugsloch versehen. Solche Exemplare sind dauerhafter, bekommen aber nach einiger Zeit Risse an den Stirnseiten, was nicht in jedem Fall schlecht ist, sondern ihr rustikales Aussehen verstärkt.

Tröge aus Kunststoff

Sie sind weder uneingeschränkt zu empfehlen noch generell abzulehnen, es

kommt hier auf das Material an. Polystyrol bricht zu leicht, Polyvinylchlorid (PVC) sollte wegen der späteren Entsorgungsprobleme vermieden werden, und Tröge aus Polyethylen oder Polypropylen wirken zu künstlich und lassen sich auch nicht dauerhaft lackieren. Bleibt von den Haupt-Kunststoffgruppen Polyurethan und GfK (= glasfaserverstärkter Polyester-Kunststoff). Im Handel werden Tröge aus geschäumten Polyurethan (PU-Schaum) angeboten, die Holzstämmen so täuschend ähnlich nachgeformt sind, daß die wenigsten Besucher in meinem Garten sie als synthetische Kunststoffprodukte entlarven. Ihre weiteren Vorteile liegen in der absoluten Wetterbeständigkeit und in dem extrem geringen Gewicht, bedingt durch die Schaumstruktur. Als nachteilig hat sich die dunkelbraune

Farbgebung erwiesen. Man muß ab und zu ausbessern, was sich dauerhaft nur mit transparenten Lacken auf Acryl- oder DD-Basis durchführen läßt. Behälter aus glasfaserverstärktem Polyestermaterial sind unempfindlich und dauerhaft, werden für unseren Zweck aber kaum serienmäßig hergestellt. Man muß die Gefäße selbst im »Handanlege-Verfahren« herstellen, ähnlich den Rümpfen von Booten. Entsprechendes Ausgangsmaterial für Heimwerker ist im Angebot.

Kunststeinmaterial

Unterschiedlichst geformte Pflanzbehälter bietet die Kunststeinindustrie an (z.B. Eternit, Fulgurit). Die Gefäße wurden vor etlichen Jahren aus Asbestzement hergestellt. Seit einigen Jahren wird das gefährliche Asbest durch andere unbedenkliche Komponenten ersetzt. Wichtig ist dabei, daß man bei ganzjährig bepflanzten Gefäßen solche mit schrägen Seitenflächen nimmt, um Winterschäden vorzubeugen. Für eine naturnahe Pflanzung sollte eine nicht zu sehr künstlich-verspielte Form gewählt werden. Der graue Grundton des Materials stört kaum und wirkt in Verbindung mit den Pflanzen durchaus harmonisch. Betonwerke bieten über Gartencenter verstärkt Kunststeintröge an, die sich nach einiger Zeit kaum von Natursteintrögen unterscheiden. Ermöglicht wurde dies durch Abformung von Natursteintrögen mittels Silikonkautschuk. Dadurch ist am Kunststeinduplikat jede Vertiefung und jeder Kratzer zu sehen, der sich auch an der Oberfläche

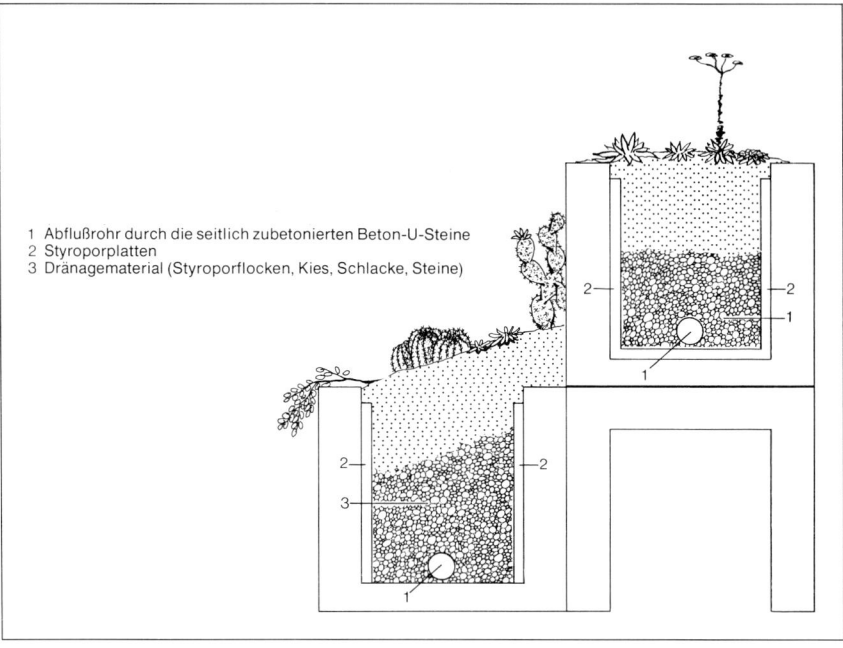

1 Abflußrohr durch die seitlich zubetonierten Beton-U-Steine
2 Styroporplatten
3 Dränagematerial (Styroporflocken, Kies, Schlacke, Steine)

des alten abkopierten Troges befand. Eine leichte Einfärbung, ähnlich eines Wesersandsteins, erhöht das natürliche Aussehen. Nachteilig ist das Gewicht – und auch der Preis.

Tröge und Schalen aus reinem Beton (Waschbeton) finden sich im Angebot, die an mancher Stelle akzeptiert werden können, wenn sie bei naturnaher Pflanzung auch ein Fremdkörper bleiben. Glatte Eisenbetontröge sind enorm dauerhaft, aber schwer und kaum aus serienmäßiger Fertigung erhältlich. Durch günstige Umstände bedingt, steht so ein Exemplar von sechs Metern Länge und einem Gewicht von fünf Tonnen in meinem Garten. Der Transport und das Aufstellen am vorgesehenen Platz war selbstverständlich nur mit Hilfe eines Kranwagens möglich. Nach einer gewissen Zeit siedeln sich auch auf dem Beton Flechten und Moose an, wobei man in der schon beschriebenen Art und Weise nachhelfen kann. Der Vorteil liegt auf der Hand, man kann viele seiner Lieblingspflanzen unterbringen.

Als weitere Möglichkeit bleibt bei den Kunststeinen das Zusammenfügen von einzelnen Betonelementen, es sind viele Formen im Angebot. Besonders bewährt haben sich U-Steine. Sie lassen sich vom Gewicht her noch einigermaßen transportieren und sind dauerhaft. Durch Aneinanderreihen von einzelnen U-Steinen kann man Tröge beliebiger Länge gestalten. Andererseits lassen sich doppelreihige Tröge erstellen oder solche, bei denen die hintere Reihe erhöht auf einem weiteren, mit der offenen Seite nach unten stehenden Stein aufliegt. Bei einer solchen Gestaltung sind der eigenen Phantasie keine Grenzen gesetzt. Wichtig ist nur, daß offene Seiten einen Abschluß aus Beton erhalten. Sicherheitshalber läßt man dabei unten ein Wasserabzugsloch frei, auch wenn normalerweise die Fugen zwischen den einzelnen Betonelementen als Wasserabzug für normale Regen- und Gießmengen genügen.

Tröge aus Torfbeton

Verschiedene Hobbygärtner haben ein eigenes Trogmaterial kreiert: Torfbeton. Für das preiswerte Material sind die Ein-

16

zelkomponenten überall erhältlich. Mit einigem handwerklichen Geschick lassen sich Tröge und Kübel selbst gestalten, und das Material wirkt schon bald sehr »echt«, weil sich darauf rasch Moose und Flechten ansiedeln. Ein weiterer Vorteil ist, daß die Tröge und Kübel am endgültigen Platz gefertigt werden. Es gibt daher keine oder nur geringe Transportprobleme.

Manche Gärtner haben ihr ureigenes Rezept und schwören darauf. Die folgende Mischung dürfte aber allen Ansprüchen genügen: 2 Eimer Torf (Weißtorf), 3 Eimer Fluß- oder gewaschenen Kiessand und 2 Eimer Zement. Wichtig ist die Form, wobei man die Außenwan-

dung aus Brettern fertigt, während der Kern besser aus Styroporblöcken zusammengefügt wird. Diese lassen sich leichter entfernen, ohne daß Beschädigungen zurückbleiben. Die Styroporblöcke lassen sich auch sehr leicht zurechtsägen. Auf die glatte Unterlage legt man einige Schichten Zeitungspapier, damit der Beton sich nicht mit der Unterlage verbindet. Darauf kommt die äußere Form, und die vorher trocken vermengte und später »betonnaß« angefeuchtete Mischung wird in Bodenstärke eingebracht und verdichtet. Dabei müssen gleich mit Hilfe eines Rundholzabschnittes oder größeren Korkens die Wasserabzugslöcher berücksichtigt werden. Günstig ist selbstverständlich eisenarmierter Torfbeton. Man fügt dafür einige Rundeisen oder sonstige Eisenprofile ein. Darauf folgt der Styroporkern, und die Seiten werden mit der Mischung aufgefüllt. Bewährt hat sich eine Bodenstärke von 8 bis 10 cm und eine Wandstärke von 5 bis 7 cm. Für die Aushärtung rechnet man zwei Tage, dann wird die äußere Form vorsichtig entfernt. Man darf auch nicht zu lange warten, denn das Material sollte sich noch bearbeiten lassen; denn nur der Form entnommen sieht das Gefäß viel zu künstlich aus. Sämtliche scharfen Ecken und Kanten werden abgerundet, möglichst etwas ungleichmäßig, und auch die Seitenflächen werden mit einem alten Meisel etwas geschrammt. Ein gutes Hilfsmittel zum Abrunden und Aufrauhen ist eine alte Drahtbürste. Hier kann man mit einiger Mühe dem Trog ein wirklich »natürliches« Aussehen geben. Wenn der Trog weiter durchgehärtet

Hübsch sehen Gefäße mit sogenannten Schwalbennestern aus. Sie sollten jedoch im Winter Schutz vor zu tiefen Temperaturen erhalten.

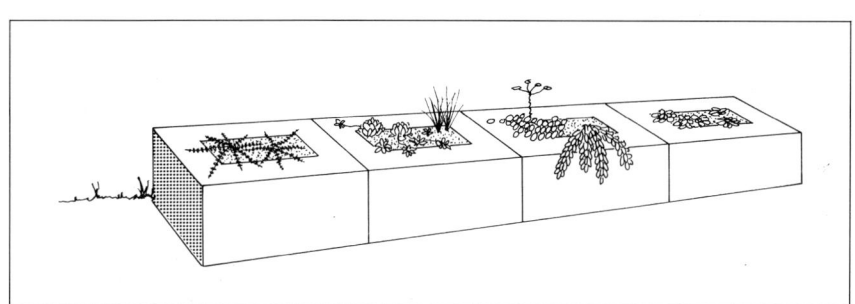

Gartenmauersteine aus Beton, waagerecht gelegt, eignen sich als Pflanzplätze für *Sedum* und *Sempervivum.*

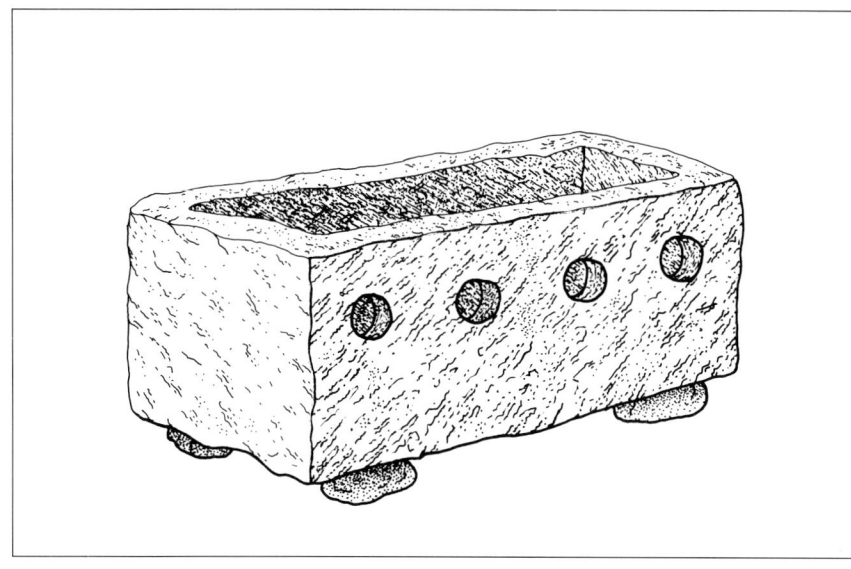

Linke Seite: Tonnenschwer wiegt so ein bepflanzter Betontrog. Dieser hat einen geschützten Platz neben einem Kleingewächshaus erhalten.

Torfbetontrog mit Pflanzenlöchern an der Vorderseite. Die Pflanzlöcher erhält man, indem man in der Gußform Rundholzabschnitte anbringt oder große Korken einfügt. (Siehe auch Abbildung Seite 14.)

ist, kann der Kern vorsichtig entnommen werden, wobei es von Vorteil ist, wenn man die Einzelblöcke vorher verkeilt hat und nun die Keile als erstes entfernt. Einige Tröge aus diesem Material stehen seit mehr als zehn Jahren unbeschadet in meinem Garten. Einen erhielt ich von einem findigen Gartenfreund, der eine Seitenwandung mit Löchern versehen hat, aus der zusätzlich zur normalen Bepflanzung allerlei Polsterpflanzen quellen.

Der Schichtsteintrog

Eine durchaus akzeptable Lösung bietet ein trogähnliches Gebilde aus flachen Steinen, man könnte es auch als Trockenmauer mit ovalem oder rechteckigem Grundriß bezeichnen. Voraussetzung ist flaches Steinmaterial, etwa in Stärken zwischen 5 und 15 cm, wobei besonders Sedimentationsgesteine in Frage kommen, wie Muschelkalk, Schiefer, Sandstein und ähnliches. Die Stärke kann unterschiedlich sein, nur sollte man etwa gleiche Stärken immer schichtweise verwenden. Ein besonderer Untergrund ist kaum erforderlich, da eine Höhe von 60 cm kaum überschritten wird und die-

ses Gesamtgewicht jeder normale, gewachsene Boden trägt. Man zeichnet sich den gewünschten Grundriß auf dem Boden auf, wobei zu bedenken ist, daß – wie bei einer Trockenmauer – auch Fugen bepflanzt werden und aus diesem Grund die Seitenflächen etwas nach innen geneigt sein sollten. In Schichten werden die Steine dicht an dicht aneinandergefügt. Dabei muß beachtet werden, daß die senkrechten Fugen von aufeinanderfolgenden Schichten möglichst nicht zusammentreffen. Mit jeder neu gelegten Steinschicht wird gleichzeitig Substrat aufgefüllt. Ein Kern aus Kies oder grobem Sand ist wegen der Dränage von Vorteil. Gleichzeitig mit dem Aufbau werden die Fugen bepflanzt, wobei man die spätere Größe der alteingewachsenen Pflanzen berücksichtigen sollte. Wenn die Pflanzen zu dicht aneinandersitzen, wird ihre Attraktivität beeinträchtigt. Am Schluß wird die Oberfläche bepflanzt. Diese muß mindestens 10 cm über der oberen Plattenreihe liegen, da sich beim Schichtsteintrog das Substrat besonders stark setzt. Notfalls lassen sich diese Tröge auch aus Kunststein, Klinker oder normalen Ziegelsteinen fertigen. Der Aufbau unterscheidet sich dann nicht vom Schichtsteintrog aus Natursteinen.

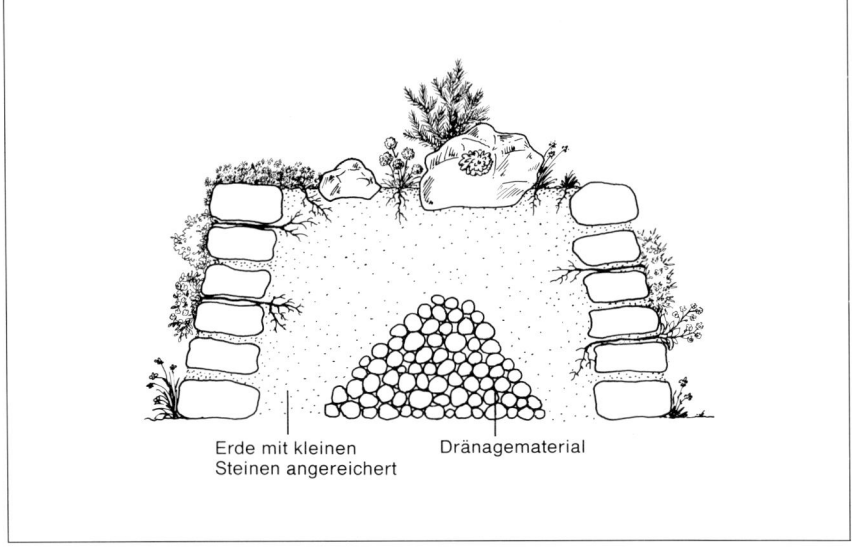

Schichtsteintrog.
Der Unterschied
zum Trockenmauer-
Wall besteht in der
niedrigeren Höhe
und der geringeren
Seitenneigung.

Erde mit kleinen
Steinen angereichert

Dränagematerial

Tuffsteintröge aus Einzelsteinen

Tuffsteine bieten als Trogmaterial nur Vorteile. Es lassen sich kleinere Steine verwenden, sie sind leicht und speichern Feuchtigkeit. Moose und Flechten siedeln sich auf dem porösen Material leicht an, manchmal sogar Sämlinge von alpinen Pflanzen. Durch die Verdunstung der gespeicherten Feuchtigkeit kühlt das Gestein bei warmer Witterung ab, und es ergibt sich gleichzeitig eine höhere Luftfeuchtigkeit. Beide Faktoren kommen den Pflanzen im Trog zugute. Der Bau eines solchen Tuffsteintroges ist ziemlich einfach. Auf eine selbst angefertigte oder im Betonwerk gekaufte Grundplatte wird eine rechteckige Innenwandung aus vier Brettern gestellt. An die Außenseite der Bretter werden die Tuffsteine mit normalem Zementmörtel gesetzt, wobei man so geschickt arbeiten sollte, daß vom Mörtel nur wenig zu sehen ist. Hilfreich ist dabei die rauhe Oberfläche, wodurch sich die Steine gut ineinander verkrallen.

Durchaus möglich ist es außerdem, industriell gefertigte Tröge später von außen mit Tuff zu verkleiden.

Ausführlichere Hinweise für die Bepflanzung von Tuffsteinen finden sich ab Seite 66.

Tröge aus anderem Material

Hauptsächlich aus südlichen Ländern werden viele Tröge und Kübel unterschiedlichster Form importiert. Unbehandelter gebrannter Ton sieht immer gut aus; man muß sich aber darüber im klaren sein, daß sich solche Gefäße mit senkrechter Wandung nur für eine Sommerbepflanzung eignen und keinesfalls für eine Dauerbepflanzung. Das Winterwetter würde sie schon bald zerstören. Das gleiche gilt für Steingut, soweit es sich um Gefäße mit ebenfalls senkrechten Innenseiten handelt. In Baugeschäften gibt es manchmal braunes, halbrundes Steinzeugmaterial, das in der Abwassertechnik verwendet wird. Damit lassen sich durchaus attraktive Pflanztröge schaffen. Durch die halbrunde Form kann der Frost diese Gefäße nicht zersprengen.

Vor einem Material muß gewarnt werden: vor Metall! Es sieht erstens nicht gut aus, außerdem heizen sich Tröge aus solchem Material stark auf, die Pflanzen leiden. Etwas gemildert wird der Temperatureinfluß durch das Anbringen von Styroporplatten an der Innenseite.

Tischgärten

Diese dekorative Variante sieht man viel zu selten. Im Gegensatz zum geschlossenen Trog kann ein Tischgarten etwas großflächiger gestaltet werden. Auf einer Betonplatte, in Hüfthöhe auf einige Sokkelsteine gesetzt, wird das Kultursubstrat etwas hügelig modelliert. Über das spätere Gesamtgewicht muß man sich im klaren sein, von Leichtbauweisen läßt man besser die Finger. Es gibt zwar kleinere Anlagen mit einem oder zwei Sokkeln, besser wären aber vier. Man kann sie auf einem kleinen Magerbeton-Fundament aus Klinkerziegeln mauern, oder man nimmt rechteckige Sandsteinquader, wie sie oft bei Hausabbrüchen anfallen, und stellt sie senkrecht. Die darauf anzubringende Betonplatte sollte baustahlarmiert sein, um allen Eventualitäten vorzubeugen. Selbstfertigung macht Mühe, besser ist es, eine Beton-Tischtennisplatte zu nehmen, wie sie von Betonwerken oft angeboten wird. Der Rand der plan auf den Sockelsteinen liegenden Platte wird mit etwa zwei Schichten Klinkern oder normalen Ziegelsteinen ummauert, man kann aber auch Natursteine

verwenden. Auch beim Tischgarten müssen unten oder seitlich ein oder mehrere Wasserabzugslöcher angebracht sein. Der weitere Aufbau entspricht dem eines Troges oder kleineren Steingartens.

Größe und Form

Bleibt die Frage nach der idealen Größe. Bei näherer Betrachtung gibt es diese nicht, denn jedes Maß hat seine Vor- und Nachteile. Je größer die Trog- oder Behälterfläche ist, desto mehr Möglichkeiten der Bepflanzung bieten sich, auch empfindlichere Pflanzen, die sonst im Winter leiden könnten, zu verwenden. Das gilt besonders für das Zentrum, wo die seitlichen Temperatureinwirkungen nicht mehr so stark zum Tragen kommen. Bei größeren Trögen ist die dekorative Verwendung von Steinen eher möglich als in kleinen, und auch Zwerggehölze kann man darin vermehrt verwenden. Andererseits sind gerade kleinere Tröge mit nur wenigen Pflanzen besonders wirkungsvoll, wenn man dementsprechend widerstandsfähige Pflanzen wählt. In vielen Fällen steht das Gefäß bereits zur

Ansicht eines Tischgartens. Besonders wichtig ist hierfür ein stabiler Unterbau.

21

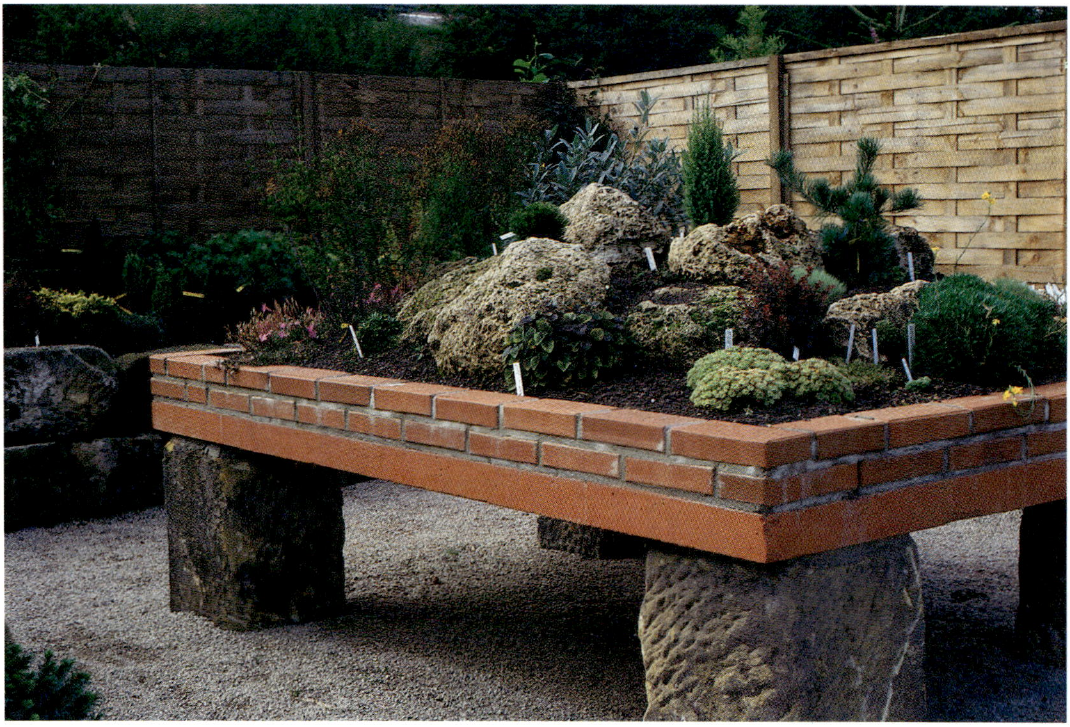

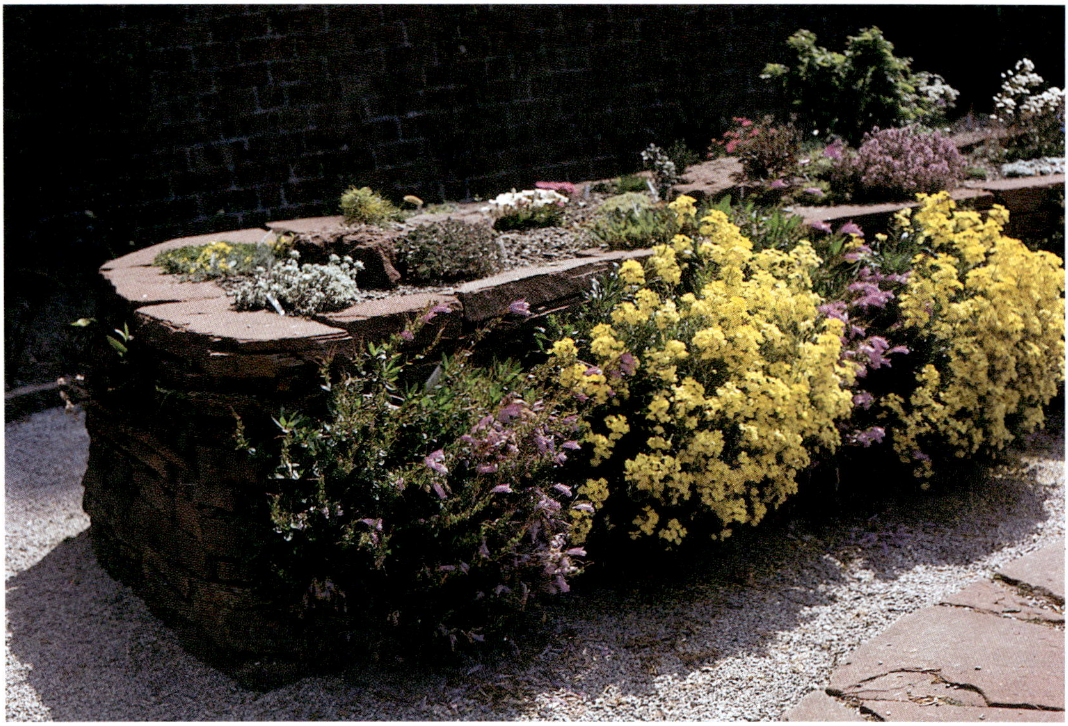

Verfügung, deshalb ein Trost: In jedem Trog oder Behälter, egal welcher Größe, läßt sich eine attraktive Bepflanzung gestalten.

Die Form eines Troges trägt mehr zum endgültigen Aussehen bei als die Größe. Auch diese muß oft als gegeben hingenommen werden, man hat eben keinen Einfluß darauf. Vorherrschen dürften rechteckige Tröge, etwa in den Abmessungen 100 × 45 × 30 cm oder 80 × 40 × 30 cm. Pflanzbehälter aus Holz gibt es oft auch in quadratischer Form, was besonders bei den Sommerblumenpflanzungen Vorteile bietet. Rundtröge aus halbierten Bier-, Wein- oder Whisky-Fässern sind gut brauchbar. Gesucht sind auch unregelmäßige Formen mit Aus- oder Einbuchtungen oder winkelförmige Gefäße, wie sie früher als Abschluß an Säulen in Ställen zu finden waren. Hier ist bei der Bepflanzung, speziell bei der Auswahl von Zwerggehölzen, etwas mehr Fingerspitzengefühl notwendig als bei den gebräuchlicheren Formen. Selbst besonders hohe Behälter, deren Maße keinesfalls den Regeln des goldenen Schnitts entsprechen, können reizvoll sein. Man kann schlicht sagen, daß jeder unmöglich geformte Trog durch eine entsprechende Bepflanzung zum Schmuckstück werden kann.

Oben links: Tontopf mit *Sempervivum.* Oben rechts: Tuffstein mit *Dianthus* 'Mirakel'.

Linke Seite oben: Aufgemauerter Tischgarten mit Tuffstein-Landschaft.

Linke Seite unten: Schichtsteintrog mit prächtiger Seitenbepflanzung.

Technik

Keinesfalls kann man die körperliche Tätigkeiten bei der Troggärtnerei als schwierig bezeichnen, alles ist verhältnismäßig einfach und leicht zu bewerkstelligen – vieles sogar einfacher als im freien Gartenraum. Man muß sich viel weniger bücken, und das schätzt man erst so richtig, wenn man älter wird. Eine Arbeit ist allerdings anfangs mit Schwierigkeiten verbunden – den Transport der oft schweren Tröge zum endgültigen Standort. Aber unter Ausnutzung physikalischer Gesetze ist das auch kein unüberwindliches Problem.

Transport schwerer Tröge über Treppen. Im flachen Gelände dagegen bewegt man die Tröge am besten auf Rollen (siehe Text).

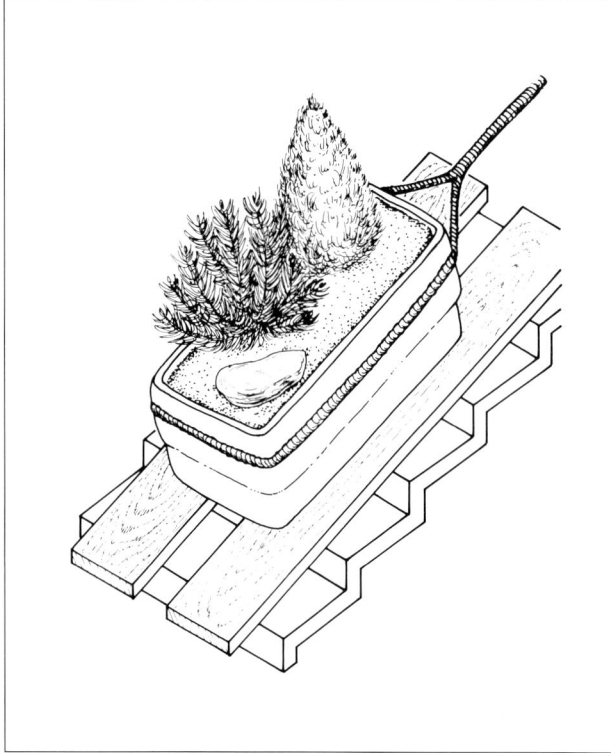

Transport schwerer Tröge

Die oft zentnerschweren Tröge müssen erst einmal bis zur Gartentüre kommen. Beim Kauf im Gartencenter oder Betonwerk vereinbart man daher grundsätzlich: »Inklusive Transport«. Beim Bauern, von dem man vielleicht noch größere Natursteintröge erhält, ist es mit dem Transport meist auch nicht so schwierig. Wenn die Entfernung nicht so groß ist, kann der Trog mit dem Traktor angefahren werden. Die Probleme beginnen also meist erst an der Gartentüre, aber mit Hilfe von Holzbohlen, Eisenrohren (Durchmesser etwa 5 cm) und einem Brecheisen ist alles nicht mehr so schwierig. Die Holzbohlen benötigt man als feste, glatte Unterlage dann, wenn man vom befestigten Gartenweg auf Erdflächen kommt. Von den Eisenrohren, die als Rollen dienen, benötigt man mindestens drei, auf zweien sollte der Trog immer ruhen, und eines benötigt man immer wieder zum Ansetzen an der Spitze. Mit dem Brecheisen (notfalls genügt auch ein stärkeres Rundholz) wird der auf den Rollen liegende Trog durch Unterschieben und Hochheben mit Hebelwirkung fortbewegt.

Auf diese Art lassen sich sogar Höhenunterschiede wie Treppen überwinden. Dabei muß allerdings von vorne mit einem kräftigen, um den Trog gebundenen Seils gezogen werden. Beim Transport auf Rollen benötigt man einen Bremser, der von hinten mit Hilfe eines Holzbohlens ein Zurückrollen verhindert. Ohne Rollen geht es auf glatten Bohlen zwar auch, aber man braucht dann ein paar Familienmitglieder mehr als »Zugpferde«.

Der Trog sollte nicht direkt auf dem gewachsenen Boden aufsitzen, sondern auf einigen Steinplatten, Ziegelsteinen und ähnlichem lagern. Das erleichtert auch die Endkorrektur des Standes mit dem Brecheisen. Diese Unterlagen werden sowieso bald in die Erde gedrückt, so daß Bedenken wegen der zusätzlichen, winterlichen Frosteinwirkung von unten unbegründet sind.

Dieser noch nicht fertig aufgefüllte Betontrog läßt gut die seitliche Isolierung mit Styroporplatten erkennen.

Vorbereitung und Füllung

Hier muß wieder auf die enorm wichtige Dränage verwiesen werden. Man muß sich davon überzeugen, daß die Wasserabzugslöcher frei liegen. Hilfreich ist es, durch die unten liegenden Löcher mit einem Eisen oder Stecken in die Erde hineinzubohren. Auf diese Abflußstellen kommt ein grobmaschiges Sieb, etwa mit der gleichen Maschenweite, die man zum Durchwerfen von Erde benutzt. Denselben Zweck erfüllt ein Blech mit starker Perforierung. Diese Vorsichtsmaßnahme dient dazu, daß der Wasserabzug später nicht durch grobes Dränagematerial verstopft wird. Als nächstes werden an den Innenwandungen 1,5 bis 2 cm starke Styroporplatten angebracht. Sie lassen sich mit einem Haushaltssägemesser leicht zuschneiden. Oben sollten sie zwei Finger breit unterhalb des Randes enden, damit diese Schutzmaßnahme später unsichtbar bleibt. Die Platten nützen nichts gegen längeren Frost, aber sie verzögern einen zu schnellen Wechsel zwischen häufigem Gefrieren und Auftauen, was besonders den Blumenzwiebeln schlecht bekommt. Bei sehr kleinen Trögen wird man allerdings auf diese Schutzmaßnahme verzichten, die Platten würden zuviel des geringen Innenraumes beanspruchen.

Anschließend wird das Dränagematerial aufgefüllt (siehe Seite 32), und darauf kommt die entsprechende Erdmischung. Weil immer die Gefahr besteht, daß das feinere Pflanzsubstrat im Laufe der Zeit in die grobere Dränageschicht wandert und es zu Verdichtungen kommt, kann vorsichtshalber eine Matte aus Spinnvlies (Polyester-Basis) dazwischen gelegt werden. Dieses Material ist jetzt verhältnismäßig leicht zu beschaffen, da es im Zeitalter der Dachbegrünung eine wichtige Rolle spielt. Bei kleinen Flächen hat sich auch eine Schicht Sphagnummoos bewährt, das nicht so schnell verrottet.

Einbau dekorativer Steine

Die gesamte Anlage gewinnt durch die Verwendung dekorativer Steine, deren Größe und Anzahl von der Fläche des Troges oder Pflanzgefäßes abhängt. Hier gelten die gleichen Grundsätze wie für den Steingarten: Wenige, aber etwas größere Steine wirken besser als viele kleine. Die Steine legt man auf die flache Seite und baut keine »Türme«. Sie sollen zur Hälfte bis zwei Drittel in der Erde stecken, wobei bei der Neuauflage einzukalkulieren ist, daß sie von selbst immer tiefer einsinken.

Praktisch eignen sich alle dekorativen Steine, allerdings wirken solche aus Kalktuff oder Lavatuff besonders dekorativ, Kalkknollensteine mit ihren Vertiefungen und Löchern bieten die Möglichkeit zur zusätzlichen Bepflanzung. Bei den erstgenannten Tuffmaterialien kann man

In den erhöht stehenden Natursteintrögen kommen kleine pflanzliche Kostbarkeiten besonders gut zur Geltung.

solche zusätzlichen Pflanzlöcher vorher mit der Bohrmaschine anbringen, sie müssen durchaus nicht den Stein ganz durchdringen. Bei einer Troggröße von 120 × 45 cm sollten die Steine keinesfalls höher als etwa 25 cm herausragen. Wenn es sich um einen großflächigeren Trog handelt, kann diese Faustzahl selbstverständlich überschritten werden.

Grundsätzlich darf man auf einer so kleinen Fläche, wie sie die Tröge bieten, nur mit einer Gesteinsart arbeiten, und es sollte keine Gesteinssammlung daraus werden. Kiesel eignen sich weniger gut, außer die Pflanzung soll einen ausgesprochenen Miniatur-Xerophytengarten darstellen.

Bewässerung

Neupflanzungen gut anzugießen, ist selbstverständlich, erstens wegen der Pflanzen und zweitens, damit sich alles etwas setzt und verbindet. Die spätere Wassernachhilfe richtet sich ganz nach dem Standort und der Zusammensetzung der Bepflanzung. Man kann die Pflanzenauswahl so treffen, daß keinerlei Wässerung zusätzlich zu den natürlichen Niederschlägen nötig ist, auch wenn diese einmal längere Zeit ausbleiben. Die Auswahl an Pflanzen ist dann natürlich sehr beschränkt. Die meisten Trogbepflanzungen bedürfen bei sonnigem Wetter hin und wieder einer durchdringenden Wässerung und bei besseren Alpinen hat sich ein öfteres, leichtes Überbrausen in den Abendstunden genauso bewährt wie im Steingarten.

Auch die Größe des Troges spielt eine Rolle. Kleine Ferkeltröge (40 × 30 cm) müssen öfter gewässert werden als größere Exemplare. Auch die Wandstärke der Tröge ist wesentlich: Dickwandige halten die Feuchtigkeit besser. In viel stärkerem Maße muß bei Halbschattentrögen darauf geachtet werden, daß diese nicht austrocknen, und auch ein öfteres Besprühen zur Erhöhung der Luftfeuchtigkeit ist nötig. Es spielen dabei so viele

Faktoren zusammen, daß sich keine allgemeingültige Aussage treffen läßt. Wichtige Hinweise geben die jeweiligen Pflanzbeispiele für unterschiedliche Trogsituationen (ab Seite 36). Im allgemeinen ist der Troggärtner sehr bald so stark mit seinen Pflanzen verbunden, daß er immer gleich erkennt, was ihnen fehlt.

Pflege

Der sonstige Arbeitsaufwand während der Vegetationsperiode beschränkt sich auf ein Minimum. Wie im Garten selbst richtet sich das Hauptaugenmerk auf die Unkrautbekämpfung. Dauerunkräuter finden sich kaum ein, wenn man die vorgeschlagenen Erdmischungen (siehe Seite 30 ff.) beachtet hat. Aber durch Samenflug gibt es immer wieder unerwünschte Ansiedlungen, wobei von Vorteil ist, daß man sich beim Jäten nicht so tief bücken muß. Meist handelt es sich um den Löwenzahn oder den wilden Rettich *(Cardamine hirsutum)*. Oft ärgert einen das Lebermoos, das sich besonders auf humosen Erdmischungen und Tuffsteinen gerne ansiedelt. Auf den letztgenannten kann es sogar dekorativ aussehen. Auf der Fläche bleibt einem manchmal nichts anderes übrig, als die oberste Schicht zu entfernen und neue Erde aufzubringen. Vom Tuff muß man das Lebermoos mit einem Messer abkratzen. Überhaupt ist das Messer ein wichtiges Werkzeug des Troggärtners. Eine etwa 15 cm lange, stumpfe, vorne geriffelte Pinzette leistet ebenfalls gute Dienste. Man glaubt gar nicht, wie klobig die eigenen Finger sind, wenn man aus feinen Polstern noch feinere Unkrautsämlinge entfernen will.

Im Frühling ist es meist angebracht, einige Pflanzen ab- oder zurückzuschneiden. Haben sich Stauden zu stark selbst ausgesät, werden die überschüssigen Sämlinge entfernt oder für eine weitere Verwendung in Töpfe pikiert. Oft muß etwas Erde oder Abdeckmaterial nachgefüllt werden. Hin und wieder hat sich auch die eine oder andere Pflanze nicht

bewährt und wird entfernt, oder es sind Pflanzen während des Winters oder infolge anderer Einwirkungen eingegangen. Bei den Nachpflanzungen gibt es oft ein Problem: Die Ballen der neu anzusiedelnden Pflanzen sind zu groß, andererseits möchte man den Wurzelbereich der nebenstehenden Pflanzen nicht unnötig stören. Ehe man den Ballen mit aller Gewalt in das vorhandene enge Pflanzloch preßt, ist es besser, einen Teil der Erde aus den Ballen des Neuankömmlings unter dem laufenden Wasserhahn auszuspülen und den dadurch verkleinerten Ballen einzupflanzen. Nach dem Auffüllen mit der Erdmischung des Troges wächst die neue Pflanze dann in der Regel schnell an, ohne die nebenstehende Pflanze zu stören.

Bleibt noch auf den **Schädlingsbefall** hinzuweisen, der sich aber in Grenzen hält. Oft hat man es mit Nacktschnecken – kleinen und großen – zu tun, in meinem Garten kommen aber auch Weinbergschnecken vor. Gegen die Nacktschnecken streut man hin und wieder Schneckenkorn. Weinbergschnecken sammelt man ab, obwohl sie ganz hübsch aussehen. Der Feind Nummer eins sind bei mir die Amseln, die oft Saxifragen, *Sempervivum, Sedum* und andere Pflanzen herausrupfen und durcheinanderwirbeln. Jährlich werden es trotz Bekämpfung mehr. Einen längeren Urlaub überstehen die gefährdeten Tröge nur, wenn man sie vorher mit Vogelschutznetzen überspannt. Im Berggarten Hannover-Herrenhausen sah ich vor Jahren die mit *Sempervivum* bepflanzten Tröge mit dünnem Maschendraht überspannt. Es sah nicht schön aus, und ich glaube, daß sich diese Maßnahme mehr gegen die anderen »Schädlinge«, sogenannte Gartenliebhaber, gerichtet hat.

Vorsichtig sollte man bei der **Düngung** sein. Die eigenen Tröge habe ich oft jahrelang nicht zusätzlich gedüngt, andererseits ist zuweilen eine gezielte Düngergabe nötig. Manche Pflanzen sind im Trog blühfauler als ausgepflanzt im Steingarten. Hier kann unter Umständen ein stärker phosphorbetonter Dünger Abhilfe schaffen. Allgemein übliche Steingartenpflanzen vertragen etwas mehr Dünger als Hochalpine. Hier kann man hin und wieder eine schwache Lösung eines vollöslichen Mehrnährstoffdüngers (Mairol, Wuxal, Hakaphos, Etisol und ähnliches) geben. Auch Peru-Guano flüssig ist geeignet, zumindest für kalkliebende Pflanzen. Grundsätzlich sollte jedoch gelten: lieber weniger als zu viel düngen. Es handelt sich hier ja nicht um einen Geranienkasten. Bei den Mehrnährstoffdüngern ist darauf zu achten, daß diese nicht stickstoffbetont sind. Der Leser bekommt an dieser Stelle vielleicht doch den Eindruck, daß Troggärtnerei mit viel Pflegepusselei verbunden ist; aber bei entsprechender Pflanzenauswahl trifft dies keinesfalls zu.

Winterschutz

Man muß sich darüber im klaren sein, daß der Frost bei Trögen nicht nur von oben einwirkt, sondern auch von der Seite und von unten, wenn der Trog erhöht steht. Eine gewisse Schutzmaßnahme ist das Anbringen von Styroporplatten an der Innenwandung der Tröge. Diese haben aber nur eine verzögernde Wirkung bei wiederholtem Gefrieren und Auftauen. Die wichtigste Winterschutzmaßnahme ist die richtige Auswahl von kälteresistenten Pflanzen. Die Klimaverhältnisse, die in mitteleuropäi-

schen Gärten herrschen, sind sehr unterschiedlich. In meinem Garten liegt im Winter meist eine gute Schneedecke, und oft genug schauen die Tröge gar nicht mehr aus dem Schnee hervor. Andererseits weiß man im voraus nie, wie der Winter wird. Deshalb erhalten die Tröge stets eine Lage Fichtenreisig als Schutz gegen die schädliche Wintersonne und nicht gegen den Frost, der nicht aufgehalten werden kann.

Kleinere Tröge kann man auch transportieren und beispielsweise im Kleingewächshaus oder in der Garage überwintern; aber die Erfahrung hat gezeigt, daß man dadurch mehr schädigt als nützt. Mancher Spezialist pflegt Raritäten, die gegen Winternässe empfindlich sind. Hier bietet sich die Möglichkeit an, ein Drahtgestell zu basteln, damit eine Glas- oder transparente Kunststoffscheibe bei genügend Abstand oberhalb der Pflanzen angebracht werden kann.

Im März wird abgedeckt, je nach Witterungsverlauf früher oder später, und man hält gegen Spätfröste aber immer einige Ästchen griffbereit. Es hat sich bewährt, um die Tröge und Pflanzschalen herum Laub anzuhäufeln. Nur ist das nicht überall möglich, teils mangels Masse oder wegen der Umgebung des Troges. Wo es möglich ist, werden die angeböschten Laubmassen mit Koniferenreisig am Wegfliegen gehindert. Im Frühling kommt das Laub dann auf den Kompost oder wird unter den Sträuchern im Garten verteilt.

Substrate

Die Erdmischungen und ihre Einzelkomponenten spielen eine wesentliche Rolle für eine erfolgreiche Troggärtnerei, dürfen aber andererseits auch nicht überbewertet werden. Die Mehrzahl der für Tröge geeigneten Pflanzen aus dem allgemeinen Angebot ist ziemlich anspruchslos. Die Pflanzen akzeptieren ein breites Spektrum von Erden und sind hinsichtlich der Bodenreaktion ziemlich unempfindlich. Der eine oder andere Gärtner schwört auf seine eigene, wie ein Geheimnis gehütete Erdmischung, man sollte sich aber immer vor Augen halten: Viele Wege führen zum Ziel! Wichtigste Voraussetzung ist immer – falls es sich nicht gerade um einen Sumpftrog handelt – die richtige Dränage.

Standard-Erdmischung

Wie erwähnt kann das Kombinationsspektrum für die »normalen« Pflanzen sehr groß sein, und Unterschiede sind schon dadurch bedingt, daß man sich auch nach dem in der Gegend oder näheren Umgebung vorhandenen Material richten muß. Seit mehr als 35 Jahren arbeite ich mit einer unkrautfreien Grundmischung für vielerlei Zwecke im Garten, die zu je einem Drittel aus Fluß- oder gewaschenem Kiessand, aus Weißtorf (ungedüngt!) und gedämpfter Komposterde besteht. Diese Grundmischung wird je nach Anwendung mit anderen Komponenten versetzt. Als Kultursubstrat ist diese Grundmischung zu humos, für eine dauerhafte Trogbepflanzung wird diese 1:1 mit mineralischen Ballaststoffen versetzt, von denen es viele gibt.

Bewährt hat sich Bimskies. Meist wird Gesteinssplitt aus Granit, Basalt oder ähnlichem Material verwendet, der im Baustoffhandel erhältlich ist.

Einen fast sagenhaften Ruf hat mürber Granitsplitt aus Tröstau im Fichtelgebirge erlangt, der von Spezialisten über weite Strecken transportiert wird. Ihm werden neben anderen Eigenschaften auch gute Wachstumsbedingungen für Hochalpine nachgesagt, bedingt durch den geringen natürlichen Urangehalt. Notfalls kann man auch feineren Kies als Ballaststoff nehmen, er führt aber schneller zur Verdichtung des Gesamtsubstrates. Zwei Materialien, Vermiculite und Perlite, erhält man in Baugeschäften, bei Estrich- oder Isolierfirmen. Diese natürlichen, aber durch hohe Temperaturen geblähten Mineralien haben ein extrem niedriges Gewicht, sind dauerhaft und können große Mengen an Feuchtigkeit speichern. Ein weiteres Material, das sich als Ballaststoff eignet, ist Blähton. Er wird ebenfalls in der Bauindustrie eingesetzt, ist aber auch in Gartencentern erhältlich, wo Blähton als Gerüststoff für die Hydrokultur angeboten wird.

Die drei letztgenannten Stoffe kosten zwar etwas mehr, aber für die Troggärtnerei benötigt man ja keine großen Mengen, und schließlich wird ja nicht das gesamte Innenvolumen mit dem Kultursubstrat gefüllt. Gerne werden auch feinere Styromullflocken als Ballaststoff beigemischt. Dieses geschäumte Polystyrol ist extrem leicht, und als schlechter Wärmeleiter gleicht es extreme Temperaturunterschiede aus, die Wasseraufnahmefähigkeit ist gleich null. Wichtig ist bei der Verwendung von Styromullflocken, daß das weiße Material nicht an der Oberfläche sichtbar wird, die oberste Schicht muß davon frei bleiben. Erstens wird dieses leichte Material vom Wind verweht, zweitens sieht es nicht gut aus.

Zurück zu meiner Grundmischung. Wer keinen gedämpften Kompost hat und nicht gerade in der Großstadt wohnt, kann an dessen Stelle Erde von Maulwurfshügeln nehmen. Diese Empfehlung wird zwar oft etwas belächelt, ist aber wirkungsvoll. Die Erde ist sandig-lehmig-humos und verhältnismäßig frei von Unkraut. Es spricht auch keinesfalls etwas dagegen, anstelle der empfohlenen Grundmischung Erde von den eigenen Gartenbeeten zu nehmen, so lange es sich um »Allerweltspflanzen« handelt. Auch hier wird im Verhältnis 1:1 mit Ballaststoffen gemischt. Bei der Verwendung eigener Gartenerde als Füllung sollte zumindest die obere Schicht unkrautfrei sein. Für denjenigen, der einen Trog mit Sommerflor gestaltet, ist die Frage nach dem Substrat einfach zu lösen: Man nimmt Torfkultursubstrat (TKS 2), im Verhältnis von 1:1 mit Sand vermischt. Falls man Bentonite (Tonmineral-Pulver) hat, kann man davon etwas beifügen. Es geht aber auch ohne; das Substrat ist dann nur weniger wasserhaltend.

Sondermischungen

Es bleibt nicht aus, daß sich der eine oder andere Gartenfreund auch bei der Troggärtnerei spezialisiert – entweder auf bestimmte Pflanzengemeinschaften oder auf einzelne Pflanzengruppen oder -gattungen. Hier kann dann oft nicht mit der normalen, mit Ballaststoffen versetzten Grundmischung oder mit normaler Gartenerde gearbeitet werden, wenn die Pflege der gekürten Pflanzen Erfolg zeigen soll. Gegenüber den normalen Steingartenstauden wird beispielsweise das Substrat bei den »besseren« alpinen Pflanzen noch stärker mit den angeführten Ballaststoffen versetzt. Man könnte sagen, das Substrat sollte noch magerer sein. Hier muß auch die Bodenreaktion stärker berücksichtigt werden, das heißt, man muß sich von vorneherein entscheiden, ob man einen Trog mit saurem oder alkalischem Substrat anlegen will, bevor man die entsprechenden anspruchsvolleren Pflanzen auswählt. Ein Freund hochalpiner Gewächse aus dem süddeutschen Raum nimmt je nach Anspruch 25 Prozent kalkhaltige oder saure Erde und 75 Prozent Ballaststoffe (groben Quarzsand, Granitsplitt und Vermiculite, Körnung 3 bis 6 mm im Verhältnis 1:1:1).

Das Substrat zwischen den einzelnen *Sempervivum*-Pflanzen wurde mit hellem Gesteinsbruch abgestreut. Vorne rechts im Bild die Sorte 'Black Prince', dahinter 'Zackenkrone' und links vorne *Sempervivum calcareum*.

Der Anfänger wird fragen: »Warum Ballaststoffe?« Das Ziel der Kultur sind kleine kompakte, hochalpine Pflanzen, und die wachsen nicht in einem stark nährstoffhaltigen und humosen Substrat. Bei Trögen für den Halbschatten ändert sich die Situation schon sehr stark. Hier wird das Verhältnis Erde zu Ballaststoffe auf 1:1 zurückgeführt. Handelt es sich um kleine Rhododendren und andere, saure Reaktion liebende kleine Moorbeetpflanzen, wird das Substrat wesentlich humoser. Eine Mischung Rindenhumus (nicht Rindenmulch!), Schwarztorf, Vermiculite und mürber Granitsplitt (zu je 25 Prozent) hat sich bewährt. Wer kalkhaltige Mischungen benötigt, mischt Düngekalk (= gemahlener Kalkstein = kohlensaurer Kalk) bei. Wer gröberen Kalksplitt benötigt, erhält diesen sicher von Steinmetzen, die Grabdenkmäler anfertigen. Diese haben meist Ziersplitt aus Carrara-Marmor auf Lager.

Das Dränagematerial

Es wurde schon erwähnt, daß das Gedeihen der Pflanzen im Trog in starkem Maße von einer gut funktionierenden Dränage abhängt. Voraussetzung dafür ist immer ein Abflußloch an der tiefsten Stelle des Troges. Zusätzlich ist auch noch eine Dränageschicht nötig, deren Höhe sich nach der Größe des Pflanzgefäßes richtet. Die Substratschicht im Trog muß nur etwa 10 cm, höchstens 15 cm hoch sein. Der darunter befindliche Raum kann mit Dränagematerial gefüllt sein, das aus gröberem Kies, Mauerschutt, Schlacke, Straßenschotter, Ziegelsplitt, gröberen Styromullflocken oder ähnlichem bestehen darf. Wichtig ist, daß bei Dauerregen kein Sumpf entsteht und die überschüssige Feuchtigkeit leicht abzieht. Hier können die erwähnten Styromullflocken durchaus Vorteile bieten, besonders durch ihr leichtes Gewicht. Ein großer Trog, der zu zwei Drittel mit solchem geschäumten Material gefüllt ist, steht in meinem Garten seit 12 Jahren.

Alle Pflanzen, auch die Zwerggehölze, gedeihen darin prächtig, obwohl die Substratschicht nicht sehr stark ist. Diese Angaben beziehen sich auf Tröge für sonnige Standorte und nicht stark nährstoffliebende Pflanzen. Bei Halbschattentrögen und bei Trögen mit Zwergrhododendren und ähnlichen Pflanzen wird man die Dränageschicht wesentlich weniger stark wählen.

Material zur Oberflächenabdeckung

Häufig will man nach der Pflanzung zusätzlich auf die Oberfläche ein anderes Material aufbringen, und zwar aus dreierlei Gründen. Erstens, um das dekorative Aussehen zu erhöhen, zweitens, um einem stärkeren Unkrautbefall vorzubeugen und drittens, um die Luftfeuchtigkeit zu erhöhen. Alle drei Kriterien werden durch poröse Materialien erfüllt. Bewährt hat sich Schlacke aus Eifellava. Dieses rötliche Material sieht auch gut aus. Vielfach wird es als Antirutschmittel für die Wintersaison angeboten. Zwar liegt es in etwas feinerer Körnung als wünschenswert vor, aber es erfüllt bei den Trögen noch seinen Zweck. Notfalls geht auch Blähton, aber nur gebrochener. Ungebrochener Blähton, also die runden Kügelchen für die Hydrokultur, sieht als Abdeckung nicht gut aus und speichert, da die Poren nicht freiliegen, auch keine Feuchtigkeit. Der Vorteil von porenhaltigem Material liegt darin, daß es während der Nacht und am Morgen bei der Taubildung Feuchtigkeit speichert und diese tagsüber erst wieder zögernd abgibt. Es ist bekannt, daß alpine Pflanzen sehr positiv auf erhöhte Luftfeuchtigkeit reagieren. Trotzdem eignet sich zum Abdecken der Pflanzfläche auch Splitt verschiedenster Art, wenn man auf den zuletzt genannten Vorteil der Feuchtigkeitsspeicherung verzichtet. Allgemein sollte die dekorative Abdeckschicht nicht zu dick aufgebracht und hin und wieder erneuert werden.

Schmückendes Beiwerk

Zu den beiden Hauptkomponenten, Trog und Pflanzenmaterial, kann noch ein weiteres dekoratives Element kommen, zusammengefaßt als »schmückendes Beiwerk« bezeichnet. Durch Hinzufügen von Versteinerungen, Mineralstufen, schönem Wurzelwerk, Tongefäßen und kleinen, künstlerisch gestalteten Figuren bekommt so ein bepflanzter Trog manchmal erst den »letzten Pfiff«. Man muß sich aber darüber im klaren sein, daß etwas Fingerspitzengefühl beim Einfügen in die Gesamtkomposition dazugehört und daß immer die Gefahr besteht, in den Kitsch abzugleiten. Als Grundsatz sollte stets gelten: In der Beschränkung zeigt sich der Meister.

Schöne Steine

Vom Einbau schöner Steine war bereits die Rede (siehe Seite 25). Hier soll nur noch auf sogenannte Solitärs hingewiesen werden – Einzelstücke, die durch ihr Aussehen wirken. In einem hölzernen Rundtrog in meinem Garten präsentiert sich zum Beispiel ein transluzenter (durchscheinender), honigfarbener Stein mit kristallinen Längsadern, eine Erinnerung an den Gipfel des Ataviros, des höchsten Berges der Insel Rhodos. An anderer Stelle zeigt sich ein grauer rundlicher Stein mit einem großen Loch, an Kretas Küste gefunden und wahrscheinlich jahrhundertelang von den Wellen rundgeschliffen. Ein Sandstein aus dem nahen Main zeigt ebenfalls ein größeres Loch, aus dem ein Büschel Schafschwingel wächst. Der Hinweis auf einen größeren, flachen, rötlichen Kalkstein von der Küste Montenegros, der mit lauter Bohr-

muschel-Bohrungen besetzt ist, soll die Beispiele abschließen. Anhand dieser Anregungen lassen sich sicher bei manchem Spaziergang oder auf mancher Reise schöne Steine sammeln, die sich für unsere Zwecke eignen. Diese Steine werden frei auf die Pflanzfläche oder den Trogrand postiert und nicht – wie die Steine bei der naturnahen Gestaltung – teilweise in das Substrat eingesenkt.

Schöne Steine und Wurzeln erhöhen die Wirkung einer Trogbepflanzung. Werden mehrere Steine eingefügt, sollte man bei einem Steinmaterial bleiben.

Die
südamerikanische
Tonfigur trägt einen
»Hut« mit
Sukkulenten.

Steingartenstauden
aus dem Standard-
Sortiment siehe
Seite 72 ff.

Mineralien und Versteinerungen

Die Verwendung dieser Materialien als schmückendes Beiwerk liegt nahe, aber es gehört bei ihrer Einfügung etwas mehr Fingerspitzengefühl dazu. So stören beispielsweise zu bunte Mineralstufen das Bild; alles muß sich unauffällig einfügen und das Gesamtbild abrunden. Als Beispiele führe ich wieder Möglichkeiten aus meinem Garten an, der an der Grenze zwischen dem Fränkischen Jura und den Urgesteinszonen des Fichtelgebirges und des Frankenwaldes liegt. Aus

diesem Grunde finden sich als Beiwerk schöne Bergkristalle – einmal eine mehr flächige Stufe, die teilweise vom Zwergthymian übersponnen ist, und eine weitere, die solitär ihre Kristalltürme aufragen läßt. Als Gegenstück dazu schmükken an anderer Stelle Ammoniten vom Bindlacher Berg, einem Muschelkalkberg, der vor der Haustüre liegt. Weiter findet sich als Fragment der Negativabdruck eines großen Ammoniten. Diese Beispiele zeigen, daß man möglichst farblich neutrale, den übrigen Steinen angepaßte Mineralien und Versteinerungen verwenden sollte. Eine weitere Voraussetzung bildet die absolute Wetterfestigkeit. Und selbstverständlich nimmt man für diesen Zweck keine besonders kostbaren Stücke. Wer keine Gelegenheit zum Selbersammeln hat, bekommt beispielsweise auf Mineralienbörsen dekorative Stücke oft für wenig Geld, wenn auch mit kleinen Fehlern.

Wurzelschmuck

Schöne Wurzeln können genauso dekorativ wirken, wobei das Objekt selbstverständlich im richtigen Verhältnis zur Größe des Troges stehen muß. Bei sonntäglichen Wanderungen im Wald findet man oft schöne Exemplare. Besonders dekorativ sind Wurzeln von abgestorbenen Bäumen, die sich im Gebirge, nahe der Baumgrenze, an Felsen festkrallen. Sie sind oft von Wind und Wetter gebleicht und geben mit ihrer hellgrauen Farbe ein gutes Objekt für unsere Zwecke ab. Wer keine Möglichkeit hat, sich selbst solche dekorativen Wurzeln zu besorgen, sollte in Zoohandlungen gehen, die immer Wurzeln für die Verwendung in Aquarien auf Lager haben. Die dort angebotenen, sogenannten Moorwurzeln, haben jahrhundertelang im Moor gelegen und sind durch ihren extrem hohen Gerb- und Huminsäuregehalt äußerst wetterfest geworden. Der meist kräftig-braune Farbton paßt sich gut dem Gesamtbild eines bepflanzten Troges an. Besonders gut eignen sich Moorwurzeln als schmückendes Beiwerk in Heide- und Moortrögen.

Figürliches

Hierbei besteht die größte Gefahr, in den Kitsch abzugleiten. Bei naturbelassenen Tontöpfen, die keine Glasur aufweisen, kann man noch am wenigsten falsch machen, nur Form und Größe müssen stimmen. Ein rustikales Tongefäß kann am Rande eines größeren Pflanzbehälters durchaus akzeptabel sein und das Gesamtbild sogar vervollkommnen. Auch bepflanzte Gefäße sehen in Kombination mit einem großen Trog gut aus. So verwende ich im eigenen Garten kleine Tontöpfe, die mit dem Heimwerkerbohrer ein Wasserabzugsloch erhalten haben und die mit Hauswurz und Krustigem Steinbrech bepflanzt wurden. (Vorsicht ist beim Bohren angebracht: immer das Gefäß in Sand einbetten, damit es nicht springt.) Oftmals gibt es in Kaufhäusern südamerikanische Töpferwaren zu kaufen, die man dafür verwenden kann, oder man greift auf ähnliche Gefäße aus den Gartencentern zurück. Auch auf speziellen Töpfermärkten findet sich immer etwas Brauchbares, nur sind dort die Preise verhältnismäßig hoch.

Schwieriger wird es bei künstlerischen Objekten. Hübsch war eine Eidechsenplastik aus Bronze, die ich in einem Garten sah, oder eine Schildkröte aus Stein. Furchtbar finde ich Putten aus Kunststein oder den Bayerischen Löwen aus Gips, die man auf den Trogrand setzt, oder gar Plastikgartenzwerge in allen Regenbogenfarben. Wie gesagt: Fingerspitzengefühl gehört dazu.

Bepflanzungsbeispiele

Je nach Lichtverhältnissen, Feuchtigkeitsgrad, Troggröße und den persönlichen Sympathien zu einzelnen Pflanzengruppen lassen sich auch auf kleineren Flächen die unterschiedlichsten Gestaltungen verwirklichen. Die Zahl geeigneter Stauden ist groß, für jede Situation gibt es genügend Auswahl. Manche Pflanzen lassen sich ziemlich universell einsetzen, bei anderen wiederum müssen für ein gutes Gedeihen ganz bestimmte Ansprüche erfüllt werden. Die folgenden Zusammenstellungen dienen nur als Anregung, der eigenen Phantasie sind keine Grenzen gesetzt.

Ein Anfängersortiment

Kaum ein Anfänger wird gleich mit den oft etwas schwierigen Gebirgspflanzen beginnen, sondern es erst einmal mit gängigen, unproblematischen Steingartenpflanzen versuchen. Sämtliche buntblühende Frühlingspolster kann man verwenden, man bringt allerdings stets nur wenige unter, weil die Polster allgemein zu groß werden. Wer aber das Sortiment etwas genauer unter die Lupe nimmt, merkt bald, daß es auch kleinere und kompaktere Sorten gibt, die sich für unseren Zweck etwas besser eignen als andere.

Unter den Blaukissen bildet *Aubrieta tauricola* ein niedriges, kompaktes Polster. Es wächst zwar auch mit der Zeit in die Breite, aber man weist es dann eben mit der Schere in seine Schranken. Unter den Schleifenblumen weist *Iberis saxatilis* niedrigere Polster von gebremstem Wuchs auf. Aber auch die nur 15 cm hohen Sorten von *Iberis sempervirens*, 'Little Queen', 'Weißer Zwerg' und 'Little Gem', eignen sich. Aber die immergrünen Blattbüschel müssen vor Wintersonne geschützt werden. Von den Polsterphlox-Hybriden bleiben die Sorten 'Rose Cushion', 'J. A. Hibbersen' und 'Eva' kleiner und verhalten sich »gesitteter«, ebenso *Phlox douglasii*. Andererseits kann man auch alle Sorten von *Phlox subulata* mit einbeziehen. Ihre Polster hängen sowieso über den Trograd, und wie gesagt: mit der Schere läßt sich alles bändigen.

Zu diesen Frühlingspolstern gehört auch die Gänsekresse. Die weißen Sorten von *Arabis caucasica* geraten meist etwas zu üppig, aber die neue rosafarbene Sorte 'Rosenquarz' bleibt ausgesprochen kompakt und wächst langsam. Den gelben Farbton bei der Eröffnungsouvertüre des Frühlings steuert der Steinrich bei. Leider wird selbst *Alyssum saxatile* 'Compactum' meist schon etwas zu groß, dagegen bleibt die Sorte 'Nanum' mit 10 cm Höhe ausgesprochen klein. Sie findet sich jedoch selten im Angebot. Später wird dieser Flor von Glockenblumen und Nelken abgelöst, die bis in den Juli hinein schmücken können. Bei den großpolsterigen Glockenblumen gibt es auch einige dankbare für die Tröge, so sind es bei *Campanula portenschlagiana* die Sorten 'B. Prövis' und 'Birch Hybrid' oder die *Campanula garganica* mit sternförmigen Blüten. Von den Nelken gehören viele in das Polstersortiment, beispielsweise die Sorten von *Dianthus gratianopolitanus*: 'Badenia', 'Pink Juwel', 'Rubin', 'Pummelchen' und viele andere. Sie bleiben kompakt, wachsen aber trotzdem in die Breite und werden dann einfach zurückgeschnitten.

Im Hochsommer blüht der Sommerenzian, *Gentiana septemfida*, von dem es etliche Varietäten und Sorten gibt. Zum Herbst zu können die langsamwüchsigen Kissenastern verwendet werden, wie 'Herbstpurzel' und 'Nesthäkchen'. Selbst bei diesen Kombinationen sollte nicht auf ein Zwerggehölz verzichtet werden, z.B. ist eine kleine Kiefer vorteilhaft wie *Pinus mugo* 'Mops', *P. sylvestris* 'Perkeo' oder *P. pumila* 'Saphir'.

So eine Bepflanzung eignet sich für volle Besonnung, bei Trockenheit muß gewässert werden. Diese sehr farbige Bepflanzung wirkt besonders in der ersten Hälfte der Vegetationsperiode.

Bepflanzung für sommerheiße und winterkalte Plätze

Dies ist die extremste Situation: ein Trog, der in voller Sonne steht und außer den natürlichen Niederschlägen kaum Wassernachhilfe erhält und der im Winter, da er an exponierter Stelle steht, steinhart durchfriert. Solche Situationen ergeben sich öfter, als man denkt, etwa in weit vom Wohnort entfernten Wochenendgärten. Selbstverständlich schrumpft die Pflanzenauswahl dann wesentlich zusammen. Bei dem obligatorischen Ge-

Das Polster von *Thymus serpyllum* 'Minor' hängt dekorativ über den Trogrand hinab.

37

Eine widerstandsfähige Bepflanzung kann sich aus Sukkulenten, Iris und Schwingel zusammensetzen.

hölzgerüst beschränkt man sich auf Kiefer und Wacholder, die verhältnismäßig gut beiden Extremen trotzen, so besonders die Zwergformen von *Pinus sylvestris* und bei den Wacholderarten die Zwergformen von *Juniperus squamata*, allen voran die Sorte 'Blue Star'. Wem die Pflanzen für Tröge zu groß erscheinen, muß bedenken, daß das Wachstum im Trog bei dem geringen Wurzelraum und der dünnen Substratschicht gegenüber ausgepflanzten Exemplaren wesentlich reduziert ist.

Als Stauden wird man bei solchen Bepflanzungen weniger auffällig blühende Polster bevorzugen und mehr auf Wuchsformen achten. Die Pflanzen sollen auch

ohne Blüte, während der gesamten Vegetationsperiode, gut aussehen. Dieses Kriterium erfüllen die vielen Hauswurz-Arten und -Sorten *(Sempervivum* und *Jovibarba)*. Ihre primäre Schmuckwirkung beruht nicht auf der Blüte, sondern auf den dekorativen, oft vielfältig gefärbten Rosetten. Der Thymian kann als Hitzesieger gelten und besonders die Farbsorten von *Thymus serpyllum* wirken attraktiv. Ganz niedrig bleibt *Thymus serpyllum* 'Minor', der über den Trogrand herunterwächst. Seine Schmuckwirkung gründet aber auf den graugrünen Polstern, denn die nur etwa 3 cm hohe Sorte blüht nur schwach. Hitzesieger sind auch die Katzenpfötchen (*Antennaria*-Arten). Unterschätzt in ihrer Hitze- und Trockenheitsresistenz werden meist die Nelken. Gerade in solchen Situationen bleiben sie besonders niedrig und kompakt, ohne ihre Schönheit einzubüßen. Das gilt beispielsweise für die kleineren Sorten von *Dianthus gratianopolitanus*, der Pfingstnelke. Die Hitze meistern auch *Dianthus petraeus* ssp. *noeanus, D. arenarius* und *D. webbianus* (syn. *D. erinaceus).* Man kann hier auch die Sorten des Krustigen Polstersteinbrechs *(Saxifraga paniculata)*

Trog mit Steingartenpflanzen für einen vollsonnigen Platz (Pflanzfläche etwa 100 × 30 cm).

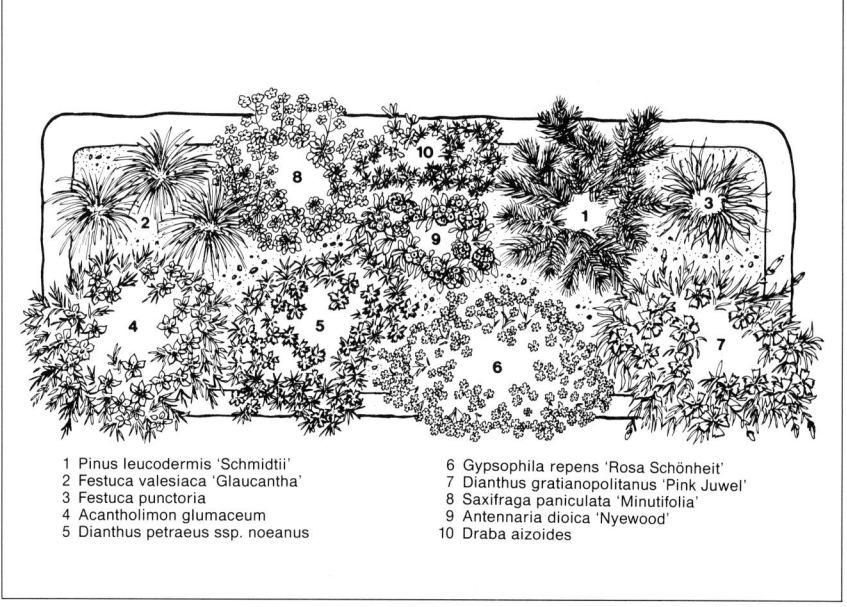

1 Pinus leucodermis 'Schmidtii'
2 Festuca valesiaca 'Glaucantha'
3 Festuca punctoria
4 Acantholimon glumaceum
5 Dianthus petraeus ssp. noeanus

6 Gypsophila repens 'Rosa Schönheit'
7 Dianthus gratianopolitanus 'Pink Juwel'
8 Saxifraga paniculata 'Minutifolia'
9 Antennaria dioica 'Nyewood'
10 Draba aizoides

verwenden, doch hat langjährige Erfahrung gezeigt, daß es besser ist, in solchen Situationen die Polster so zu pflanzen, daß sie nicht gerade im rechten Winkel zur sommerlichen Sonnenlaufbahn stehen. Damit es keine Ausbrennungen gibt, sollte man etwas nach hinten pflanzen oder in den zeitweiligen Schlagschatten von Gehölzen. Kommt es doch einmal vor, daß Kahlstellen entstehen, wachsen sie meist bald wieder zu.

Bei den Fetthennen (*Sedum*-Arten) gehört *Sedum album* mit seinen Varietäten und Sorten zu den extremen Sonnenkindern, doch muß man öfter eingreifen, da sie sich in die Breite entwickeln. Die sonst oft grünen Polster nehmen bei längerer Trockenheit verschiedene Rottöne an. Für solche Plätze bieten sich *Sedum pachyclados* und *S. tatarinowii* an. Die Igelpolster (*Acantholimon*-Arten) verlangen direkt nach solchen trocken-sonnigen Plätzen. Viele haben zwar etwas größere Polster, doch sie wachsen fast immer am Trogrand herunter und verhalten sich oben durchaus gesittet. Viele Hungerblümchen (*Draba*-Arten) zeigen an solchen Stellen erst, was in ihnen steckt. *Satureja montana* ssp. *illyrica* ist ein

Spätblüher und Bienenmagnet. Im Frühling schneidet man die Pflanze immer etwas zurück. Vielleicht noch der Hinweis auf den ganz niedrig wachsenden Steinrich, *Alyssum serpyllifolium*, und den nahe verwandten *Ptilotrichum spinosum*. Zu diesen Pflanzungen gehören auch Gräser wie der kleine Blauschwingel *Festuca valesiaca* 'Glaucantha'. Solche Tröge sehen trotz der geringen Pflege, der sie bedürfen, immer gut aus. Der Rückschnitt von Verblühtem und das Einkürzen von zu stark wachsenden Pflanzen bilden die Hauptarbeit.

Sukkulententröge

Dies allein ist schon ein unermeßliches Thema. Der Sukkulententrog verlangt selbstverständlich nicht ausschließlich nach sukkulenten Pflanzen, man kann kombinieren. Sukkulente müssen allerdings dominieren, wenn das spezifische Aussehen nicht verlorengehen soll. Für sonnige Plätze eignen sich auch hier wieder die vielen Hauswurz-Arten *(Sempervivum)*. Man muß sich lange Zeit mit Hunderten von Arten und Sorten be-

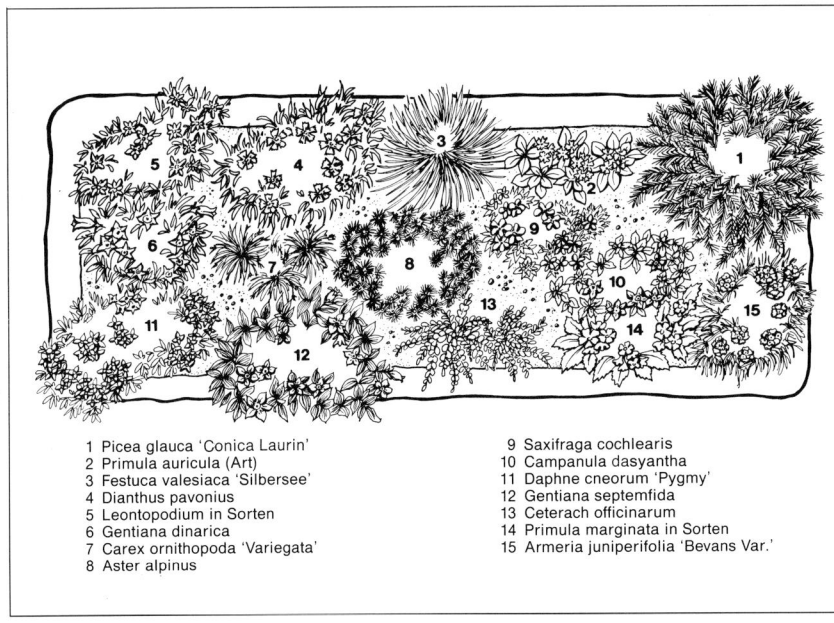

Dieser Trog für einen sonnigen bis lichtschattigen Platz erfordert etwas mehr Aufmerksamkeit (Pflanzfläche etwa 120 × 50 cm).

1 Picea glauca 'Conica Laurin'
2 Primula auricula (Art)
3 Festuca valesiaca 'Silbersee'
4 Dianthus pavonius
5 Leontopodium in Sorten
6 Gentiana dinarica
7 Carex ornithopoda 'Variegata'
8 Aster alpinus
9 Saxifraga cochlearis
10 Campanula dasyantha
11 Daphne cneorum 'Pygmy'
12 Gentiana septemfida
13 Ceterach officinarum
14 Primula marginata in Sorten
15 Armeria juniperifolia 'Bevans Var.'

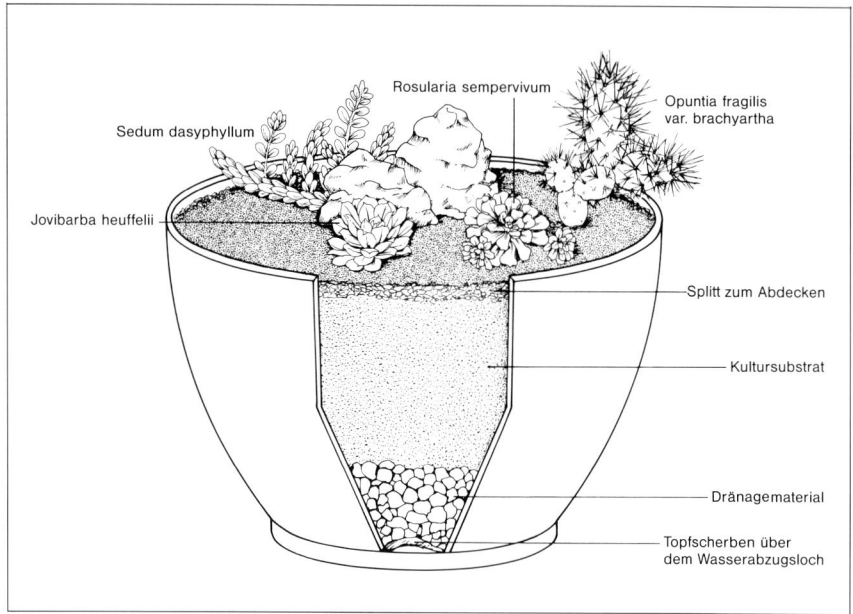

Rosularia sempervivum

Sedum dasyphyllum

Opuntia fragilis
var. brachyartha

Jovibarba heuffelii

Splitt zum Abdecken

Kultursubstrat

Dränagematerial

Topfscherben über
dem Wasserabzugsloch

schäftigt haben, um zu erkennen, daß Hauswurz nicht gleich Hauswurz ist. Es kristallisieren sich mit der Zeit die Favoriten heraus, deren Polster auch nach vielen Jahren noch gut aussehen. Im Kapitel »Das Pflanzenmaterial« werden ab Seite 83 solche Dauersieger genannt.

Keinerlei Ärger hat man mit den *Jovibarba*. Die kleinrosettigen Arten können höchstens einmal zu breit werden, aber es macht keine Mühe, diese zu beschränken. Direkt für den Trog geschaffen sind die Sorten und die Standortvarietäten von *Jovibarba heuffelii*. Der Nichteinge-

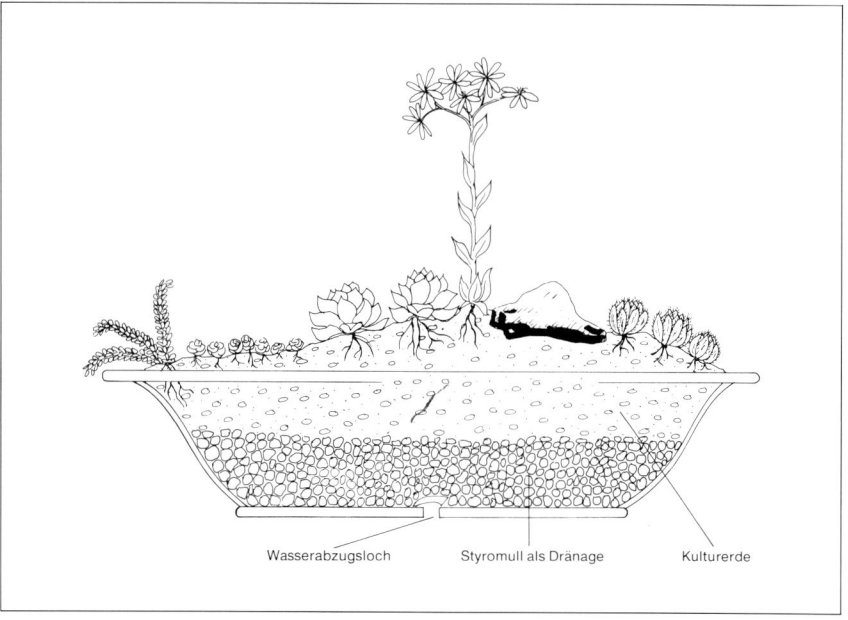

Wasserabzugsloch   Styromull als Dränage   Kulturerde

Sukkulententrog für einen vollsonnigen Platz (Pflanzfläche etwa 80 × 40 cm).

1 Sempervivum arachnoideum
2 Sedum pachyclados
3 Opuntia fragilis
4 Sedum dasyphyllum
5 Orostachys spinosus
6 Sedum tatarinowii
7 Jovibarba heuffelii (mehrere)
8 Sedum spurium 'Coccineum' oder ähnliche rote Sorten
9 Sempervivum-Hybride 'Topas'
10 Delosperma nubigena
11 Euphorbia myrsinites

weihte kann sich gar nicht vorstellen, wieviel verschiedenförmige, in der Größe variierende und vielfarbige Rosetten es bei dieser einen Pflanzenart gibt, zumal es sich hier um reine Standortvarietäten, nicht um Hybriden, handelt. Es lohnt direkt, einen Trog mit Steinen und *Jovibarba* zu gestalten, die auch noch in engen Löchern von Tuffsteinen und Kalkknollensteinen gedeihen. Bei den Fetthennen (*Sedum*-Arten) sind *S. dasyphyllum* mit Varietäten, *S. oreganum*, *S. gracile*, *S. sieboldii*, *S. sartorianum* var. *stribrnyi*, *S. pachyclados*, *S. tatarinowii*, *S. ewersii* 'Nanum', *S. glaucophyllum*, *S. hispanicum* 'Glaucum' und 'Aureum' und viele andere für kleinere Flächen geeignet. Hierher gehören auch die zweijährigen *Sedum*-Arten (die manche Botaniker zu den Rosularien stellen) *Sedum pilosum* und *S. sempervivoides*. In Tröge passen auch die attraktiven Cristataformen (= Kammformen) der Gattung *Sedum* wie *S. album* 'Cristata', *S. acre* 'Cristata' und *S. reflexum* 'Cristata'. Wenn sie in die Normalform zurückschlagen, kann man diese »Wildlinge« leicht aus dem Trog entfernen, und der typische Cristata-Habitus bleibt erhalten.

Unter den Sternwurz-Arten, manchmal auch Panzerwurz genannt, ist *Orostachys spinosus* dekorativ und hart, ebenfalls die kleinrosettige *O. malacophyllus*. Auch *O. iwarenge* und *O. agregatus* sind sehr attraktiv, allerdings überstehen die ausgewachsenen Rosetten oft

Sempervivum-Hybriden zusammen mit *Chamaecyparis pisifera* 'Miko' im Trog.

Kakteen

Wüstenartige Szenerien (»Xerophytengärten«) in Miniatur lassen sich mit winterharten Kakteen gestalten. Bei der Auswahl wird man sich auf kleine oder schwachwüchsige Arten beschränken. Allen voran eignet sich die Zerbrechliche Opuntie, *Opuntia fragilis*, mit ihren Varietäten *(O. f.* var. *fragilis, O. f.* var. *brachyartha, O. f.* var. *denudata, O. f.* var. *parviconspicua).* Auch ihre Hybriden mit »*O. rutila*«, 'Greenland' und 'Sydowiana', bleiben kompakt. Aus dem Sortiment winterharter Opuntien kann noch manch andere ausgewählt werden, durch Abschneiden der Glieder behält man alle im Zaum. Bei den Kugelkakteen sei besonders auf *Escorbaria vivipara* und ihre Varietäten hingewiesen, deren natürliches Vorkommen in Nordamerika bis hinauf nach Kanada reicht. Auch mit manchem winterhartem *Echinocereus* kann man es versuchen, besonders die Varietäten von *E. triglochidiatus* sind sehr hart. Man braucht selbstverständlich Kakteen nicht unbedingt nur allein pflanzen, sondern kann sie mit anderen Sukkulenten oder auch mit anderen trockenheitsliebenden Pflanzen kombinieren, wenn diese in Form und Farbe dazupassen.

Einjährige und ausdauernde Sukkulenten kann man gut kombinieren. Hier wachsen Mittagsblumen neben *Sempervivum*.

Weitere kleinwüchsige *Sedum*- und *Sempervivum*-Arten siehe Seite 75.

nicht den Winter. Sie bauen sich aber meist aus kleinen überlebenden Kindeln wieder auf. Bei den Rosularien ist *Rosularia chrysantha* (syn. *R. pallida*) völlig winterhart, aber man kann es auch mit der einen oder anderen weiteren Art versuchen. *Sempervivella alba* und *S. sedoides* sind hübsch und können empfohlen werden, auch wenn sie manchmal im Winter leiden.

Von den ausdauernden Mittagsblümchen paßt eigentlich nur *Delosperma nubigena* (oft bekannt als *Mesembrianthemum othona*) für den Trog, in günstigen Lagen auch noch *Delosperma cooperi*. Verbleibt der Hinweis auf die *Rhodiola*-Arten, die früher zu den *Sedum* (Fetthennen) gehörten. Ihre Blüte ist nicht auffällig, dennoch wirken die interessanten Formen durchaus positiv auf das Gesamtbild. Zwar wachsen sie im Laufe der Zeit etwas aus dem Boden, was aber durchaus dekorativ wirken kann.

Sukkulenten im Halbschatten

Ein Sukkulententrog ganz anderer Art läßt sich auch im Halbschatten oder an absonnigen Plätzen gestalten, gute Dränage wieder vorausgesetzt. Hier sind es die Lewisien (Bitterwurz, Markisenblume), die dominieren. In luftfeuchteren Gebieten können sie auch im sonnigen Trog wachsen, in trockenen Klimaten sind aber die angesprochenen Plätze günstiger. Man kann die großrosettigen *Lewisia*-Cotyledon-Hybriden verwenden, wie die bekannte 'Sunset-Strain', auch einzelne Namenssorten oder gar die großblütige *L. tweedyi*. Wo wenig Platz vorhanden ist, nimmt man die widerstandsfähige *L. columbiana*, ihre Varietäten *L. c.* var. *rupicola* und *L. c.* var. *wallowensis* oder ihre schöne, kleine Hybride 'Pinkie'.

Zu den Lewisien kann man einige *Sedum* setzen, es gibt unter ihnen auch Arten und Sorten, die halbschattige oder absonnige Plätze vorziehen. Hierher gehören besonders die schönen Farbsorten vom Spatelsedum, *Sedum spathulifolium*, wie 'Cape Blanco' (weißlich), 'William Pascoe' (grau-rot), 'Purpureum' (rötlich), 'Aureum' (gelblich). Auch *Sedum rubroclaucum* ist hier richtig am Platze sowie die verschiedenen Unterarten von *S. laxum*, die sonst immer meist zu sonnig gepflanzt werden. Abgerundet werden kann so eine Pflanzung durch das Walddickblatt, *Chiastophyllum oppositifolium*, eine Sukkulente mit herabhängenden, gelben Blütenständen. Sie kommt deshalb an den Trogrand. Das alles darf durchaus von einem Zwerglaubgehölz gekrönt werden, etwa von *Salix × boydii*, der kleinsten aufrechtwachsenden Zwergweide.

Enzian und Edelweiß

Wer an die Pflanzen der Alpen denkt, dem fallen zuerst die beiden in der Überschrift genannten ein. Beide eignen sich neben anderen heimischen Alpinen durchaus für Tröge, nur kommt es auf Art und Sorte an, und ein gewisser Pflegeaufwand ist erforderlich. Bei längerer Trockenheit ist vor allem Bewässerung nötig, und öfteres Übersprühen, um die Luftfeuchtigkeit zu erhöhen, wirkt sich positiv aus. Edelweiß sind nicht so hitzebeständig, wie man ihrem weißfilzigen Aussehen nach vermuten würde. *Leontopodium alpinum* ssp. *nivale* ist gut brauchbar, ebenfalls einige Hybriden wie 'Alpenstern' und andere reich und silberweiß blühende Auslesen. Auch mit dem Enzian ist es nicht ganz einfach. In meinem Garten wächst *Gentiana angustifolia* seit vielen Jahren im Trog, sie ist nur etwas langstengelig geraten. Bei einem Minimum an Pflege eignet sich noch *Gentiana dinarica* und einige gärtnerische

Links: Ein Edelweiß wie *Leontopodium* 'Bergsilber' kann eine der markanten Pflanzen im Alpentrog sein. Allerdings sollte man es bei längerer Trockenheit bewässern und gelegentlich übersprühen.

Rechts: Ein Alpinum im Kleinen birgt dieser vieleckige Trog. Die verschiedenen Laubfarben sorgen dafür, daß ein abwechslungsreiches Bild auf kleinster Pflanzfläche entsteht. Der Gesteinssplitt ruft den Eindruck von Geröll hervor.

Links: Zwerg-Säulenwacholder, Hungerblümchen *(Draba)* und Pyrenäensteinbrech klammern sich an einem Stein fest.

Rechts: Die Aurikel-Hybride *Primula ×
venusta* erweist sich als besonders widerständig gegenüber Trockenheit.

Ein Sortiment der »besseren Alpinen« wird ab Seite 75 beschrieben.

Auslesen wie 'Holzmannii'. Zu Enzian und Edelweiß gesellt man Alpenaurikel *(Primula marginata, P. auricula)*, Krustige Steinbrech-Typen, besonders die Formen von *Saxifraga paniculata*, außerdem die Nelke *Dianthus pavonius*, weiterhin Schleierkraut *(Gypsophila repens)*, Sonnenröschen *(Helianthemum oelandicum)*, Alpenbalsam *(Erinus alpinus)*, Stengelloses Leimkraut (*Silene acaulis* 'Floribunda'), Alpenwermut *(Artemisia umbelliformis)* und Alpenaster *(Aster alpinus)*.

Das sind einige Anregungen, Liebhaber der Alpenflora finden noch viele, auch für Trogkultur geeignete Pflanzen. Dabei sollte man auf Gehölze nicht verzichten. Besonders die Zwergformen der Bergkiefer gehören hierher: *Pinus mugo* 'Mops', 'Allgäu', 'Humpy' und andere. Von den Seidelbast-Arten nimmt man die Kleinformen, vom Rosmarinseidelbast, *Daphne cneorum*, die Sorten 'Exima' und 'Pygmy'. Wenn eine Möglichkeit zum Schlingen vorhanden ist, können sich mit der Alpenclematis *Clematis alpina*, zauberhafte Bilder ergeben. Man sollte sich aber nichts vormachen. Wie schon eingangs erklärt, ist diese Bepflanzung nichts für vollsonnige Plätze ohne Wassernachhilfe.

Der Liebhaber von Pflanzen europäischer Gebirge kann aber auch widerstandsfähigere Kombinationen pflanzen, die etwas mehr Trockenheit vertragen, ohne aber extreme Durstkünstler zu sein. Hungerblümchen gehören hierher wie *Draba rigida* var. *imbricata, D. mollissima* (beide stammen zwar aus dem Kaukasus, wachsen aber auch noch auf der europäischen Seite), *D. aizoides, D. bruniifolia, D. haynaldii*. Grasnelken fügen sich ein, besonders *Armeria juniperifolia* und ihre weißblühende Sorte 'Alba', außerdem die schöne 'Bevans Var.' und weiter die robustere *A. × suendermanii*. Bei den Saxifragen wählt man wieder unter den krustigen Typen aus, bei den Nelken fällt die Wahl auf *Dianthus petraeus* ssp. *noeanus, D. webbianus, D. arenarius* und viele weitere. *Asperula nitida* eignet sich, ebenfalls die kleinen Büschelglocken (*Edraianthus*-Arten), die den blauen Farbton beisteuern (*E. graminifolius, E. pumilio, E. serpyllifolius,* u.a.). Weitere Partner sind *Achillea umbellata, Iberis saxatilis, Campanula cochleariifolia, Senecio halleri* und viele mehr.

Der Aurikeltrog

Im ersten Augenblick möchte man glauben, Primeln würden in sonnig stehenden Trögen einen größeren Pflegeaufwand erfordern. Die eigentliche Alpenaurikel, *Primula auricula*, liebt zwar etwas absonnigere Plätze, aber sie verträgt allgemein doch ziemlich viel Sonne und Trockenheit, das gilt besonders für *P. a. ssp. bauhini*. Eine weitere Steigerung hinsichtlich Sonnenverträglichkeit bietet *Primula marginata*, von der es zahlreiche schöne Sorten gibt. Man kann im Trog allein eine Sammlung dieser Typen vereinigen. Leider finden sie sich bei uns zu selten im Angebot, man ist oft auf englische Lieferanten angewiesen, aber es lohnt. Zu den hübschen Kleinodien gehören: *P. marginata* 'Alba', 'Amethyst', 'Beatrice Lascaris', 'Branklyn Garden', 'Caerulea', 'Clears Variety', 'Crenata', 'Grandiflora', 'Highland Twilight', 'Holden Variety', 'Hyacinthia', 'Kesselring's Variety', 'Linda Pope', 'Marie Crousse', 'Nana', 'Prichards Variety', 'Rhenania', 'Rosea', 'Shipton-Form', 'Waithmans Variety'. Der Fan dieser Primel-Sektion findet noch weitere, so sind besonders die Hybriden *Primula × venusta* und *P. × wockei* sehr widerstandsfähig.

Für teilsonnige Plätze eignen sich aus dieser Sektion die sauere Bodenreaktion liebende *Primula hirsuta* mit all ihren Unterarten, Standortvarietäten und Sorten. Weiter *Primula × deschmanii, P. glaucescens* ssp. *longobarda, P. daonensis, P. pedemontana, P. viscosa, P. × wettsteinii, P. clusiana, P. spectabilis* und *P. wulfeniana*. Bei den gärtnerischen Hybriden gibt es ebenfalls widerstandsfähige Namenssorten, deren verrückte Farbkombination erst bei der Nahbetrachtung, wie sie der Trog ermöglicht, richtig zur Geltung kommt. In Großbritannien sind diese Sorten als »Show-Aurikula« bekannt, wobei allerdings darauf hingewiesen werden muß, daß nicht alle völlig winterhart sind.

Der Trog im Halbschatten

Eine attraktive Trogbepflanzung hängt nicht unbedingt von einem vollsonnigen Platz ab. Oft lassen sich gerade an absonnigen Plätzen, im Schlagschatten von Gebäuden, an Stellen, die nur ein paar Stunden besonnt sind (und das nicht in der Mittagszeit) oder an Stellen, an denen das Licht durch ein überhängendes Blätterdach gefiltert wurde, reizende Pflanzungen durchführen. Keineswegs mangelt es für solche Plätze an geeigneten Pflanzen, gerade hierfür kommen ver-

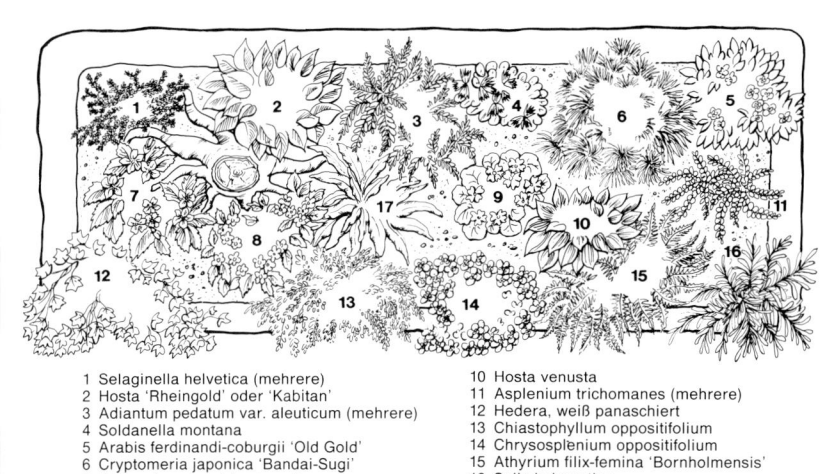

Bepflanzungsbeispiel für einen Trog an einem absonnigen oder halbschattigen Platz (Pflanzfläche etwa 120 ×40 cm).

1 Selaginella helvetica (mehrere)
2 Hosta 'Rheingold' oder 'Kabitan'
3 Adiantum pedatum var. aleuticum (mehrere)
4 Soldanella montana
5 Arabis ferdinandi-coburgii 'Old Gold'
6 Cryptomeria japonica 'Bandai-Sugi'
7 Ramonda myconi (mehrere)
8 Haberlea ferdinandi-coburgi (mehrere)
9 Primula juliae
10 Hosta venusta
11 Asplenium trichomanes (mehrere)
12 Hedera, weiß panaschiert
13 Chiastophyllum oppositifolium
14 Chrysosplenium oppositifolium
15 Athyrium filix-femina 'Bornholmensis'
16 Salix hylematica
17 Phyllitis scolopendrium 'Undulata'

Hedera 'Goldheart' ziert diesen Trog aus rotem Sandstein, der mit kleinwüchsigen Koniferen und Polsterstauden bepflanzt ist.

Zwerge aus der Angebotsliste der Baumschulen ausgewählt werden. Von den Zedern wachsen *Cedrus libani* 'Pigmy' und 'Sargentii' im Trog ganz langsam. Falls ein sehr harter Winter zuschlägt, erfrieren nur die Spitzen, aus Reserveknospen entwickelt sich ein neuer Trieb. Von den Sicheltannen nimmt man den Zwerg *Cryptomeria japonica* 'Bandai-sugi', eine überraschend harte und langsamwachsende Sorte, oder die kleine, mehr rundkugelige 'Vilmoriniana', die man vor Wintersonne schützen sollte. Aus der Zypressen-Verwandtschaft ist die erst vor einigen Jahrzehnten eingeführte *Microbiota decussata* ausreichend winterhart und sieht besonders gut aus, wenn sie an der Trogecke wächst, wo sie mit ihren waagerecht abstehenden Zweigen genügend Raum hat. Bei den Scheinzypressen ist das Sortiment echter Zwerge besonders groß, man kann aus dem Baumschulangebot auswählen. Erwähnung verdient noch die Jugendform vom Hiba-Lebensbaum, *Thujopsis dolabrata* 'Nana'. Sie verträgt besonders gut Halbschatten und Schatten, benötigt aber ein Minimum an Bodenfrische, um dekorativ zu bleiben. Da es sich um eine Jugendform handelt, können ältere Exemplare an den Spitzen manchmal in die Normalform zurückschlagen. Man schneidet diese Triebe dann einfach zurück.

Die Auswahl bei den zwergigen **Laubgehölzen** ist etwas geringer. Man kann selbstverständlich Zwergrhododendren verwenden, die im folgenden Abschnitt näher behandelt werden. Hier sei nur auf die Alpenrose *(Rhododendron hirsutum)* hingewiesen, selbstverständlich wird im Trog nur ein junges Exemplar aus gärtnerischer Kultur angesiedelt. Wesentlich gartenfreundlicher, aber leider schwieriger zu erhalten, ist die Hybride mit *Rhododendron ferruguineum, R. × intermedia*. Niederliegende Weiden sind *Salix retusa, S. serpyllifolia, S. hylematica* (hängt schön über den Trograd herunter) und *S. reticulata*, die nicht ganz einfach zu kultivieren ist. Die schönen buntblätterigen *Euonymus*-Arten kann man hier ver-

stärkt auch kleine Kostbarkeiten und Raritäten in Frage. Das Kultursubstrat muß den Verhältnissen am Naturstandort entsprechend gewählt werden: Es ist allgemein an wenig besonnten Plätzen wesentlich humoser und feuchtigkeitshaltender als an sonnigen Stellen. Genauere Angaben finden sich im entsprechenden Abschnitt auf Seite 32.

Bei den **Nadelgehölzen** wird man die besonders für sonnige Plätze bevorzugten Kiefern und Wacholder durch Fichte, Zeder, Sicheltanne, Zypressen, Scheinzypressen und Hibalebensbaum ersetzen. Sicher scheiden sich hier die Geister, denn so mancher lehnt fremdländische Koniferen grundsätzlich ab. Aber bei der Trogbepflanzung sollte man etwas großzügiger sein, und dekorative Aspekte stehen im Vordergrund. Unter den Fichten kann die Wahl auf *Picea abies* 'Little Gem' und 'Clanbrassiliana' sowie *P. glauca* 'Conica Laurin' fallen. Sie alle gibt es ziemlich oft im Angebot. Selbstverständlich können auch weitere

wenden (siehe Seite 90). Man muß sich allerdings darüber im klaren sein, daß bei den meisten Pfaffenhütchen-Arten die Schere stets dazugehört; sie werden sonst zu mächtig, auch im Trog. Zwergbuchsbaum *(Buxus)* und kleine Stechpalmen *(Ilex)* gedeihen an solchen Plätzen ebenfalls gut. Ganz eng an Steine, aber auch an den Trogrand, schmiegt sich der Kreuzdorn, *Rhamnus pumilus*, an.

Das Rückgrat einer solchen intimen Halbschattenpflanzung bilden jedoch die **Stauden**. Sie ist der richtige Platz für Farne. An Eckplätze kann man sogar hin und wieder einen etwas größeren setzen, z. B. die Hirschzunge, von der es auch ausgesprochen schmalblättrige Formen gibt, die sich gut in das Gesamtbild einfügen. Geeignet sind auch die Wellblatt-Hirschzunge oder niedrige gekräuselte Cristata-Formen. Als Bodendecker bewährt sich *Selaginella helvetica*. Kleine Primeln gehören dazu wie *Primula frondosa* (sie wird zwar nicht uralt), *P. modesta*, *P.* 'Peter Klein' und andere, welche die Proportionen nicht sprengen. Aus der Primelverwandtschaft muß das Glöckel *(Cortusa matthioli)* genannt werden, von der es auch eine weißblühende Form gibt. Sehr dekorativ sind im Halbschattentrog verschiedene Zwerghosta, so *Hosta venusta*, aber besonders die zahlreichen Hybriden erweitern das Sortiment (z. B. 'Japangirl', 'Japanboy', 'Silberlöffel', 'Rheingold', 'Laterna Magica' und viele weitere). Für solche Plätze eignen sich ebenso die Felsenteller, die Arten und Farbvarianten der Gattungen *Haberlea* und *Ramonda*, die in Nord- und Nordostfugen von Trockenmauern gehören, aber auch für unsere speziellen Zwecke zu gebrauchen sind. Im Trog wird man versuchen, die Rosetten so zu pflanzen, daß sie etwas zur Seite schauen. Felsenteller sind anspruchsloser, als man denkt: Selbst wenn sie einmal vor Trockenheit zusammengeschrumpft sind, erholen sie sich wieder. In meinem Garten säen sie sich sogar selbst auf Tuffsteinen aus. Bei *Ramonda myconi* sollte man versuchen, alle drei Farbvarianten zu erhalten, denn

es gibt lilafarben, weiß und rosafarben blühende Typen. Ziemlich unempfindlich und wüchsig sind *Ramonda nathaliae* und *Haberlea rhodopensis*.

In größere Tröge paßt auch noch die Narzissenblütige Anemone, *Anemone narcissiflora*. Bei den verschiedenen Schattensteinbrech-Arten kann man frei aus der Angebotsliste wählen, z. B. *Saxifraga cuneifolia*, bei der man allerdings manchmal mit der Schere eingreifen muß. Beim Scharbockskraut, dem alten Wucherer, finden sich auch edle Gestalten, besonders die gefülltblühenden bleiben klein und kompakt (z. B. *Ranunculus ficaria* in Sorten). Etwas mehr Aufmerksamkeit benötigen die Fransenglöckchen: *Soldanella alpina, S. minima* und *S. pusilla* bleiben klein. Es wird empfohlen, dem näheren Pflanzbereich etwas gehacktes Torfmoos *(Sphagnum)* beizufügen. Auch die Alpenveilchen benötigen etwas mehr Aufmerksamkeit. Viele sind empfindlich, doch *Cyclamen coum* und *C. hederifolium* erweisen sich als ziemlich winterhart und eignen sich für größere Tröge. Versuchen kann man es auch mit dem heimischen Frauenschuh, *Cypripedium calceolus*. Ein guter Bodendecker für den Halbschatten ist auch die Gänsekresse, *Arabis procurrens*, die am Trogra48 herunterwachsen sollte. Breitet sich das Polster zu sehr nach innen aus, kommt die Schere an die Reihe. Die hier genannten Pflanzen sind hinsichtlich der Bodenreaktion indifferent, sie akzeptieren eine leicht alkalische Bodenreaktion oder lieben Kalk.

Es gibt aber auch **kalkfliehende** Troggarten-Gesellschaften für den Halbschatten, die eine leicht saure Erdmischung lieben. In Kalkgegenden wird man beim Bereiten des Kultursubstrates vermehrt den stark sauren Schwarztorf beimischen. Wichtig ist, daß das Gießwasser ebenfalls kalkfrei ist. In Gegenden mit hartem Wasser nimmt man Regenwasser.

Die meisten der hierfür geeigneten Pflanzen sind keine auffälligen Stauden, sondern eher stille Schönheiten. An Stelle der behaarten Alpenrose nimmt

Kleinbleibende Miniaturfarne siehe Seite 92 und 93.

man die Rostfarbene Alpenrose, *Rhododendron ferrugineum*. Von den Farnen kann der heimische Rippenfarn gepflanzt werden, der unbedingt eine saure Bodenreaktion braucht und dessen Größe durchaus noch für Eckplätze akzeptabel ist. Die Bärtige Glockenblume, *Campanula barbata*, in ihrer blauen und weißen Form gehört hierher; das Moosglöckchen *Linnaea borealis* 'Americana' kann den Boden überspinnen, ebenso das Fransenglöckchen *(Soldanella montana)*, das gelbe Veilchen *(Viola lutea)*, der Kärntner Kuhtritt *(Wulfenia carinthiaca)*, der Arktische Wegerich *(Plantago boreale)*.

Rhododendron im Trog

Hier darf man keinesfalls an *Rhododendron catawbiense* denken, sondern an die ganz kleinen Zwerge. Ehe man sich in dieses Abenteuer stürzt, muß man die Voraussetzungen für einen Kulturerfolg prüfen. Günstig sind Plätze, bei denen die Pflanzen vor heißer Mittagssonne geschützt sind. Morgen- und Abendsonne schadet nicht. Es kommt auch darauf an, in welchem großklimatischen Verbund der Garten liegt: es besteht halt ein Unterschied zwischen dem luftfeuchteren, wintermilden Küstengebiet oder dem Kontinentalklimabereich von Nordostbayern, dem »Bayrisch Sibirien«.

Wichtig ist ein leicht saures Substrat im Trog, und auch das Gießwasser darf nicht kalkhaltig sein. Die Dränageschicht wird im Gegensatz zu den Sonnentrögen auf etwa 10 cm reduziert, und die Dicke der mit Humus angereicherten Substratschicht (Torf, Rindenhumus!) sollte 40 cm betragen. Diese Angaben weisen schon darauf hin, daß zu kleine Tröge für diesen Zweck ungeeignet sind. Die Fläche zwischen den Zwergrhododendren wird mit einigen Steinbrocken (kalkfrei!) abgedeckt und mit Zwergfarnen bepflanzt (z.B. *Blechnum penna-marina* und *B. penna-marina* f. *novae-zelandiae*). Die geeigneten Rhododendren können der Angebotsliste der Baumschulen ent-

Das Sortiment der »besseren Alpinen« (ab Seite 75) nennt noch weitere Stauden für den Halbschatten.

nommen werden. Wichtig ist im Winter ein guter Schutz vor der Sonne.

Farbkompositionen

Es besteht durchaus die Möglichkeit, Tröge in Einzelfarben oder in speziellen Farbkombinationen zu bepflanzen. Dabei ist bei der Farbgebung nicht nur an die Blütenfarbe gedacht, sondern an die Färbung der ganzen Pflanze. Bei den Blüten liegt die Blütezeit zu weit auseinander, und sie erscheinen bei den Pflanzen, um die es hier geht, meist nicht so massiert, daß sie eine Wirkung erzielen. So wie man ganze Gärten im Silberton anlegen kann, läßt sich dies auch bei der Trogbepflanzung bewerkstelligen. Die Auswahl ist dafür nicht klein.

Beginnen wir bei den **Teppichbildnern**, und da muß das Katzenpfötchen zuerst genannt werden, z.B. *Antennaria dioica* 'Tomentosa' oder die noch niedrigere und farbbeständigere *A. d.* var. *borealis* 'Minima'. Grau-grün-silberig sind die ganz niedrigen Polster von *Paronychia argentea* und *P. kapela* ssp. *serpyllifolia* und noch niedriger der rein silbrige Neuseeländer Schafsteppich, *Raoulia hookeri* (syn. *R. australis*). Auch das Dolomiten-Fingerkraut *(Potentilla nitida)* kann schöne Polster bilden, genauso wie *Veronica spicata* ssp. *incana*. Bei der letztgenannten darf der Trog aber nicht zu klein sein. Die vielen Arten, Sorten und Standortvarietäten vom Krustigen Steinbrech lassen sich verwenden, besonders die von *Saxifraga paniculata, S. crustata* und *S. cochlearis* verdienen die Erwähnung, und beim Hauswurz sind es die zahlreichen Typen vom Spinnwebhauswurz *(Sempervivum arachnoideum)*. Einen Teppich, der weit über den Trogrand herunterwächst, bildet *Artemisia umbelliformis* (syn. *A. laxa*).

Als **Gehölzschwerpunkt** nimmt man einen Wacholder aus der Gruppe der kleinen Sorten von *Juniperus squamata* oder einen Zwergsäulenwacholder wie *Juni-*

perus communis 'Compressa' (Schutz vor Wintersonne!).

Etwas höhere silbrige **Stauden** werden zusätzlich in die Polsterflächen gepflanzt: verschiedene kleine Schafgarben (z. B. *Achillea umbellata*), Sonnenröschen *(Helianthemum canum* und *H. nummularium)*, für größere Tröge auch das Mausohr *(Marrubium supinum)* und das Heiligenkraut *(Santolina chamaecyparis*

sus ssp. *tomentosa)*. Schön, aber doch etwas kälteempfindlich, ist *Euryops acraeus*, die Pflanze empfiehlt sich also nur für günstige Lagen. Bei größeren Trögen kann auch die Silberdistel verwendet werden, aber nur die niedrige *Carlina acaulis* und nicht die höhere *C. a.* ssp. *simplex*.

Wem das alles zuviel Silber ist, kann mit grünblättrigen Pflanzen auflockern

Tontöpfe im Stil der Indianer, bepflanzt mit Sukkulenten, schmücken hier den Rand eines größeren Troges.

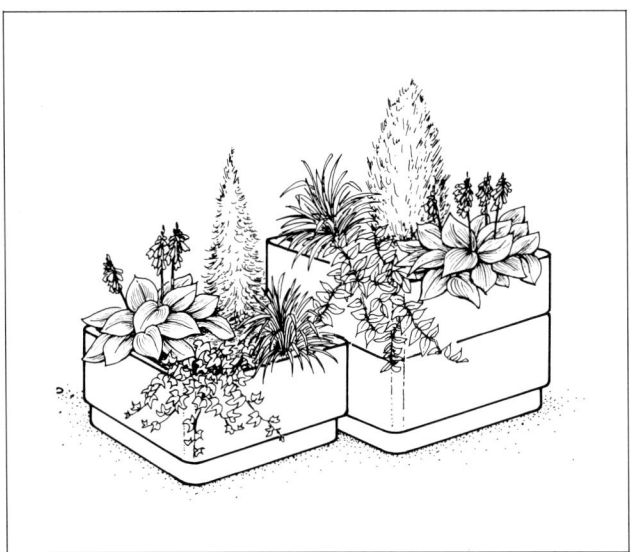

Der fremdländische, geographische Trog

Die Trogbepflanzung läßt sich auch noch nach weiteren Gesichtspunkten durchführen. So sind reine Gattungs-Sammlungen sehr beliebt, sie werden im Abschnitt »Das Pflanzenmaterial« erwähnt. Aber auch rein geographisch gestaltete Pflanztröge sind möglich, wie schon im Abschnitt »Enzian und Edelweiß« für die europäischen Alpen angeführt. Die Gebiete Japan, der Himalaja und Neuseeland sollen als Beispiele dienen, weitere Themen sind sicher möglich.

Japan-Trog

Für einen Japan-Trog spielen *Hosta*-Arten eine große Rolle, besonders an absonnigen Standorten. Als Beispiel dienen hier die sogenannten mobilen Gärten.

oder mit roten Tönen kombinieren. Davon kommen besonders die rotblättrigen Sorten von *Sedum spurium* und die vom Günsel, *Ajuga reptans*, in Frage. Der Günsel ist allerdings so wüchsig, daß man ihm öfter Einhalt gebieten muß. Eine andere Kombinationsmöglichkeit bieten die intensiv-rotrosettigen Sorten von *Sempervivum*. Wer bläuliche Töne benötigt, nimmt die blaupolsterigen Sorten der Pfingstnelke, *Dianthus gratianopolitanus*, oder blaue Schwingel-Arten.

Farbe bringen auch die Kleinstauden mit panaschierten Blättern. An Eckplätze gehört *Sedum spurium* 'Tricolor' und, wo etwas mehr Platz ist, kann man *Sedum kamtschaticum* 'Variegatum' verwenden. Von den geeigneten Gräsern haben eine schöne Panaschierung: *Carex ornithopoda* 'Variegata', *Carex conica* 'Hime Kansuge', *Carex hachijonensis* 'Evergold' und das ganz niedere *Carex firma* 'Variegata'. Es gibt panaschierten Phlox (*Phlox amoena* 'Variegata') oder *Arabis ferdinand-coburgii* 'Variegata' (mit weiß-grüner Panaschierung) und 'Old Gold' (gelbgrün). Beide Varianten kommen auch bei *Aubrieta* vor. Wer sucht, wird weitere panaschierte Kleinstauden finden, und sogar Koniferen, die dazu kombiniert werden.

Die japanische Pflanzengemeinschaft eignet sich auf keinen Fall für vollsonnige Plätze. Absonnige, aber helle Stellen kommen in Frage oder Situationen, bei denen ein Blätterdach das Sonnenlicht filtert. Man braucht das Gießen zwar nicht zu ernst zu nehmen, doch muß bei etwas mehr Sonne gewissenhaft gewässert werden.

Wie schon bei den normalen Halbschattenplätzen spielen hier die *Hosta* eine große Rolle, von denen es kleine Arten, aber vor allem einige hundert zwergige Hybriden gibt.

Wichtig sind einige kleine Astilben. Verhältnismäßig oft finden sich im Angebot der Staudengärtnereien die *Astilbe*-Crispa-Hybriden 'Perkeo' (dunkelrosa) und 'Liliput' (lachsrosa). 'Alba' (weiß) ist allerdings selten zu bekommen. Die steifaufrechten Blütenstände werden nur etwa 15 cm hoch. Bei *Astilbe simplicifolia* nimmt man die niedrigbleibende Wildart (15 bis 20 cm), auch die Hybride 'Sprite' ist noch durchaus geeignet. Eine sehr kleine Astilben-Ausgabe bildet *Astilbe glaberrima* var. *saxatilis* mit nur 10 cm Höhe, und auch deren Hybride *Astilbe simplicifolia* × *A. glaberrima* var. *saxatilis* muß erwähnt werden. (Man sollte sich nicht von den botanischen Bezeichnungen irritieren lassen. Sie bedeuten ein notwendiges Übel zur Verständigung, da es dafür keine deutschen Bezeichnungen gibt.)

Zum japanischen Trog gehört ein ganz niedriger Glockenblumenzwerg, der zwar ein klein wenig wuchert, ohne aber lästig zu werden: *Campanula dasyantha*. Ganz zart wirkt die zwergige Wiesenraute, *Thalictrum kiusianum*. Die beiden letztgenannten Zwerge können auch sonnig stehen. Hübsch sieht auch die japanische Zwergakelei aus, *Aquilegia flabellata* var. *pumila* und deren Sorte 'Alba'. *Ophiopogon* (Schlangenbart) und *Liriope* sind hübsch, ebenfalls wie *Tanakaea*. Die letztgenannte ist allerdings frostempfindlicher.

Auch ein Gehölzschwerpunkt läßt sich mit der Jugendform vom Hiba-Lebensbaum, *Thujopsis dolabrata* 'Nana', schaffen. Auch *Cryptomeria japonica* 'Bandai-sugi' ist im Trog überraschend winterhart und wächst langsam. Erwähnt werden müssen die vielen Sorten von *Acer palmatum*, unter denen auch echte Zwerge vorkommen. (Die holländische Firma Esfeld in Boskoop führt fast 150 verschiedene Sorten.) Im engen Wurzelraum des Troges bleiben sie sowieso alle kleiner. Selbst größere Ahorn-Arten entwickeln sich unter diesen Umständen zu Zwergen. So wuchs ein Sämling von *Acer tenuifolium*, den ich von einem japanischen Briefpartner erhielt und der sonst 8 bis 10 m hoch wird, im Trog nur 80 cm hoch – und das in zehn Jahren.

Verbleibt der Hinweis auf die Gräser: *Carex conica* 'Hime-Kansuge' paßt dazu.

Neuseeland-Trog

Auch der Neuseeland-Trog sollte nicht so witterungsexponiert stehen. Das Grundgerüst bilden hier die Neuseeländer Veronika, auch als *Hebe* bekannt. Von diesen kleinen Sträuchern gibt es eine große Zahl von Formen; leider können die meisten nicht als winterhart gelten. Da für die Troggärtnerei die Auswahl noch viel strenger zu handhaben ist, bleibt leider nicht viel übrig. Die härtesten sind *Hebe armstrongii* und *H. pinguifolia*, von der es auch eine kompaktere Hybride gibt, *H. p.* 'Pagei'. Die genannten kommen in nicht extrem kalten Gärten auch im Trog fort, wobei Schutz vor Wintersonne obligatorisch ist. In günstigen Lagen kann man es auch mit *Coprosma petriei* versuchen, welche mehr kriechend wächst, oder mit *Coprosma brunnea* × *C. kirkii*.

An Teppichbildnern fehlt es keinesfalls: Die Fiederpolster von *Cotula dioica* und *C. squalida* gehen fast etwas zu schnell in die Breite, aber nach außen kann die Pflanze am Trogrand herabwachsen, und zum Troginnern zu werden die überflüssigen Triebe abgeschnitten. Die kleine *Cotula minima* ist leider zu empfindlich. Eigenartig, aber attraktiv sieht *Cotula atrata* aus; sie scheint auch ausreichend winterhart zu sein, wogegen sich die neueingeführte *Cotula albida* erst noch bewähren muß.

Sehr feine und ganz niedrige Teppiche bilden die Schafsteppich-Arten, von denen es eine ganze Reihe gibt, die aber nicht alle völlig winterhart sind. Rein silberne Teppiche bilden *Raoulia hookeri* und *R. australis*. Leider herrscht bei dieser Gattung ein großes nomenklatorisches Durcheinander: So sind die genannten Arten meist als *R. australis* und

Mazus pumilio bildet ganz niedrige Teppiche im Neuseeland-Trog. Die Pflanze verlangt sauren und frischen Boden.

R. lutescens im Handel verbreitet, also mit gerade umgekehrter Benennung. Sandiger Boden ist bei den *Raoulia* wichtig. Ganz niedrige Teppiche bildet auch *Mazus pumilio*, von dem es eine weißblühende Form gibt. Saure Bodenreaktion und ein etwas frischerer Boden sind die Voraussetzungen für gutes Gedeihen.

Eigenartig braun gefärbte neuseeländische Gräser können die Teppiche auflockern, z.B. *Carex buchananii* mit rotbraunen, etwas aufrechten Büscheln und *Carex comans* mit fahlbraunen, überhängenden Blättern.

Von den zahlreichen weißblühenden, neuseeländischen Enzianen, kann nur *Gentiana saxosa* empfohlen werden. Leider ist er nicht sehr langlebig. Die großen teppichbildenden Stachelnüßchen sind viel zu aggressiv, um in einen Trog gepflanzt zu werden, lediglich mit *Acaena microphylla* 'Kupferteppich' kann man es in größeren Trögen versuchen.

Himalaja-Trog

Einen Himalaja-Trog benötigt ein rechter Pflanzensammler schon allein wegen der Chinesischen Herbstenziane wie *Gentiana farreri, G. ornata, G. sinoornata* und noch weitere. Selbstverständlich eignen sich auch die zahlreichen Hybriden. Alle außer *Gentiana farreri* benötigen eine saure Bodenreaktion. *Primula clarkei, P. involucrata* und die zahlreichen Arten der Sektion Petiolaris kommen von den Primeln hinzu, vorausgesetzt während der Vegetationsperiode ist genügend Bodenfeuchte vorhanden. Weiter passen *Androsace sempervivoides* und von den »besseren« Mannsschild-Arten, *Androsace globifera, A. mucronifolia* und andere. Von den Glockenwinden muß die nicht schlingende *Codonopsis ovata* genannt werden und – wenn Möglichkeiten zum Schlingen vorhanden sind – *Codonopsis convolvulacea* und *C. affinis*. Aus der Enzian-Verwandtschaft eignen sich die verschiedenen *Cyananthus*-Arten, immer lichten Schatten und etwas Bodenfeuchte vorausgesetzt. Eine niedrige Anemone ist *Anemone obtusiloba*, die es in unterschiedlichen Blütenfarben gibt. All diese Angaben sollen lediglich als Initialzünder für eigene Kombinationen dienen. – Es gibt noch viele weitere Zwerge für den Himalaja-Trog.

Heidegärtchen im Trog

Die Heide, jene durch jahrhundertelange Beweidung entstandene Kulturlandschaft Norddeutschlands, hat etwas mit Weite und großen Flächen zu tun, und es mutet direkt paradox an, so eine Landschaft in einen Trog oder Kübel zwängen zu wollen. Bei näherer Betrachtung zeigt es sich, daß bei richtiger Pflanzenkombination durchaus auch auf kleinsten Flächen so eine »Heidestimmung« entstehen kann. Es ist allerdings nicht ganz einfach, und einige Dinge müssen vorher gründlich überlegt werden. Es macht überhaupt keine Schwierigkeiten, im Früh-

Beispiel für einen kleinen Heidegarten im Trog mit einem sauren Substrat.

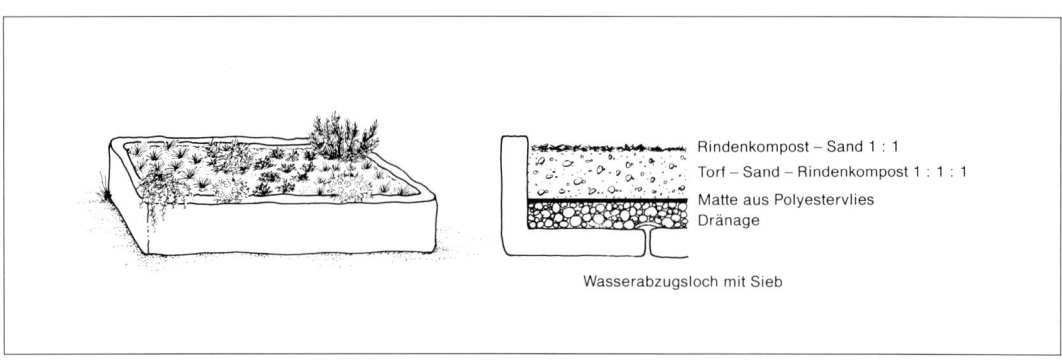

Rindenkompost – Sand 1 : 1
Torf – Sand – Rindenkompost 1 : 1 : 1
Matte aus Polyestervlies
Dränage

Wasserabzugsloch mit Sieb

ling einen Trog oder anderen Behälter heideähnlich zu bepflanzen, der während der gesamten Vegetationsperiode von jedem Besucher bewundert wird. Aber es ist wesentlich schwieriger, die Attraktivität auch über den kommenden Winter oder über viele Jahre hinweg zu erhalten! Dabei spielt selbstverständlich die Lage des Gartens eine Rolle: In Bremen wird das weit weniger schwierig sein als in einem süddeutschen Mittelgebirge mit Kalkformation.

Standort. Voraussetzung ist ein sonniger Platz, und für eine trockenere Heidegruppe hat ein Holztrog oder ein anderer Behälter aus Holz gewisse Vorteile: Das Material paßt zur Bepflanzung, und bei den in Holzmärkten jetzt oft angebotenen quadratischen oder rechteckigen Behältern aus vakuumimprägnierten Bohlen ist die Garantie gegeben, daß keine Miniatur-Sumpflandschaft entsteht, da auch durch die Fugen überschüssige Feuchtigkeit entweichen kann. Wo das nicht der Fall ist, also beispielsweise bei einem Steintrog, muß das am Boden befindliche Wasserabzugsloch groß genug sein. Besser ist es jedoch, wenn der Boden mehrere solcher Löcher aufweist.

Substrat. Auch beim Kultursubstrat muß man stärker Rücksicht auf die Pflanzen nehmen, falls man *Calluna vulgaris* und andere Moorbeetpflanzen verwenden will. Bei der Verwendung von *Erica herbacea* (syn. *E. carnea*) genügt es, einer normalen Substratmischung für Tröge zusätzlich etwas Torf beizumischen. Im anderen Fall wird die Mischung nährstoffarm, besonders durchlässig und sauer gehalten. Nach dieser Vorgabe ausgerichtet lassen sich verschiedene Mischungen herstellen, eine besteht zu zwei Drittel aus Torf (Weißtorf) und zu einem Drittel aus kalkfreiem Sand. Man kann auch je ein Drittel Torf, Sand und Rindenhumus (nicht Rindenmulch) verwenden. Den Mischungen gibt man geringe Mengen Horn- oder Blutmehl bei. Mit Mineraldünger muß man sehr vorsichtig sein, eher gibt man der einen oder anderen Pflanze einmal eine Nachhilfe über das

Gießwasser. Über die Dränageschicht aus etwas gröberem Material kommt eine Filtermatte (z. B. Polyester-Vlies) und darauf das Kultursubstrat.

Man kann diese Erdschicht noch unterteilen: In die untere Hälfte kommt dann eine der obigen Mischungen, bei der der Torfanteil durch das schwach gedüngte TKS 1 ersetzt wird (Torfkultursubstrat zur Anzucht), darüber kommt die nährstoffärmere Grundmischung. Tieferwurzelnde Pflanzen, wie die Gehölze, kommen dann in schwach nährstoffangereicherte Böden, während die eigentliche Heide im nährstoffarmen Bereich verbleibt, wenn auch mit der Zeit über die Kapillaren ein gewisser Austausch stattfindet. Hier empfiehlt es sich wieder, die Innenflächen des Troges vor der Füllung mit Styroporplatten auszukleiden.

Koniferen bilden das Grundgerüst der Bepflanzung, aber deren Verwendung sollte sparsam erfolgen, in den meisten Fällen genügt ein Exemplar. Wer an die Heide denkt, sieht auch den Säulenwacholder vor sich. Das Zwerggehölz *Juniperus communis* 'Compressa' ist von der Form und Größe her wie geschaffen für den Trog, wenn nicht eine gewisse Empfindlichkeit gegen Wintersonne die Emp-

Salix apoda 'Mane Form' ist eines der flachwachsenden Laubgehölze, die sich im Heidegarten gut neben die säulen- oder kugelförmigen Koniferen einfügen.

fehlung etwas einschränken würde. Man muß den Wurzelbereich im November-Dezember noch einmal gründlich wässern und die Pflanze dann so bedecken, daß sie absolut vor Wintersonne geschützt ist – und sei es durch Überstülpen eines übrigen Stückes Kunststoffrohr einer Dachrinne. In einem eigenen Trog konnte ich dadurch sieben Jahre lang ein bezauberndes Bild schaffen, bis dann durch eigene Leichtfertigkeit doch ein Winterschaden eintrat. Empfohlen wird auch *Juniperus communis* 'Norwegen', der widerstandsfähiger sein soll. Bei den Scheinzypressen (*Chamaecyparis*-Arten), gibt es ebenfalls Säulenformen, die zu akzeptieren wären, obwohl Scheinzypressen unserer Heidelandschaft fremd sind. Bei ihnen ist nach eigenen Erfahrungen die Situation nicht anders als beim Säulenwacholder, oder zumindest präsentieren sich nach einem härteren Winter braune Südseiten. Von anderen Koniferen empfehlen sich die Kiefern, wobei sich die Auswahl nach der Größe des Pflanzbehälters richtet. Auch hier ist wieder der Hinweis angebracht, daß sich die Zwerge im eingeengten Wurzelbereich wesentlich langsamer entwickeln als ausgepflanzt.

Eine weitere Maßnahme gegen zu starkes Wachstum stellt gerade bei Kiefern das Einkürzen dar. Die Neutriebe, deren Zahl sich ja gerade bei Zwergkiefern in Grenzen hält, werden in einem Jahr zur Hälfte eingekürzt, so daß im Folgejahr eine größere Anzahl von Reserveknospen aktiviert wird und sich die Pflanze dichter und kompakter darbietet.

Für kleinste Tröge eignen sich die Kiefern *Pinus mugo* 'Brevifolia', *P. leucodermis* 'Schmidtii', *P. sylvestris* 'Beuvronensis', *P. parviflora* 'Adocks Dwarf' und 'Kokonoe'. Deren jährlicher Zuwachs ist extrem gering, manchmal dauert es fast zu lange – wenn man nicht schon ein teueres Solitärexemplar setzt –, bis sich die angestrebten Proportionen ergeben. Aber wie erwähnt, kann man auch »normale« Zwergkiefern verwenden, da ja auch ein kleines Heidegärtchen im Trog nicht für die Ewigkeit gestaltet wird.

Die Auswahl bei den **Laubgehölzen** beschränkt sich mehr auf flachwachsende Gestalten. Man will schließlich nicht eine Säulen- oder Kugelform neben der andern haben, was keinesfalls einer Heidelandschaft ähneln würde, deren Silhouette gerade durch das ausgewogene Verhältnis von Vertikalen und Horizontalen charakterisiert ist. *Cotoneaster adpressa* 'Little Gem' kann über den Rand herunter wachsen, ebenso *Salix apoda* 'Mane Form', es geht aber auch ohne Laubgehölz.

Das wichtigste Element ist die **Heide** selbst. Eigentlich kann mit gutem Gewissen nur *Calluna vulgaris* empfohlen werden, da alle anderen Heidearten schon ausgepflanzt im Garten empfindlicher sind, um so mehr im Trog. Das mag im Küstenbereich nicht unbedingt zutreffen, gilt aber verstärkt für das zentraleuropäische Kontinentalklima. Aus der Vielfalt der Sorten von *Calluna vulgaris* lassen sich zwei Gruppen verwenden. Das sind auf der einen Seite niedrige, flach und nicht so stark wachsende Sorten wie 'White Lawn', 'Heideteppich' und 'Gray Carpet', die oft angeboten werden. Auf der anderen Seite sind es die echten, meist halbkugelig wachsenden Zwerge, zu denen 'Humpty Dumpty', 'Foxii Nana', 'Gnom', 'Velvet Dome', 'Baby Wicklow',

'Minima' und noch einige weitere gehören. Man muß sich aber bei diesen damit abfinden, daß die Spitzen der Triebe nur wenige Blütenglöckchen tragen – oder auch gar keine. Die oft unterschiedlich grünen, meist halbkugeligen Pflanzen sehen auch ohne Blüten sehr hübsch aus. Hier sollte man jedoch auf kleiner Fläche nicht mit einem »Streuzuckereffekt«, sprich vielen Sorten nebeneinander, arbeiten. Selbst auf kleinstem Raum sollte der flächige Ausdruck zur Geltung kommen. Man erreicht das durch Dreier-, Fünfer- oder Siebenergruppen, je nach Größe des Pflanzplatzes. Eine ganz andere Möglichkeit bietet sich bei der Verwendung von Schneeheide, *Erica herbacea* (syn. *E. carnea*), die zwar mit einer norddeutschen Heidelandschaft überhaupt nichts zu tun hat, aber allseits bei Heidegärten akzeptiert wird, zumindest in Süddeutschland. Man kann die überall erhältlichen Sorten wie z.B. 'Atrorubra' und 'Winterbeauty'« verwenden, die sowieso nicht so hoch werden und deren Wuchscharakter man durch den jährlichen Rückschnitt (sofort nach der Blüte) mitbestimmen kann.

Zu den Heidepflanzungen kann man einige **Gräser** dazusetzen, wie den zwergigen Blauschwingel, *Festuca valesiaca* 'Glaucantha', oder *Carex firma* 'Variegata' sowie für den größeren Trog die panaschierte Vogelfußsegge, *Carex ornithopoda* 'Variegata'. Im größeren Trog läßt sich auch die steil-aufrecht wachsende *Molinia caerulea* 'Moorhexe' verwenden, die in mageren Böden sehr kompakt bleibt. Dazu setzen kann man einige Nelken. Wo die Heidenelke, *Dianthus deltoides*, zu groß wird, wählt man kleinere Gestalten wie *Dianthus microlepis* oder *D. pavonius* (syn. *D. neglectus*). Man kann andere Moorbeetpflanzen dazukombinieren, aber die Lage und das Kleinklima sind stets zu berücksichtigen.

Kann der Heidegarten im Trog immer mildfeucht gehalten werden, erweitert sich die Pflanzenauswahl wesentlich. Reizend sehen die Arten und Sorten der *Cassiope*, Schuppenheide, aus. Magerer Boden, saure Bodenreaktion, milde Bodenfeuchtigkeit und möglichst hohe Luftfeuchtigkeit sind die Grundlagen für den Erfolg. Obwohl man auch die Schuppenheide vor Wintersonne durch Koniferenäste schützt, gibt es in bezug auf die Winterhärte weniger Bedenken. – Ich sah sie noch in höheren Gebirgslagen von Alaska. Dieses Erikagewächs mit den weißen Glöckchen wächst auch in der Natur großflächig, im Trog-Heidegarten wird man Dreier- oder Fünfergruppen setzen. Am bekanntesten sind die Hybriden der *Cassiope* wie 'Badenoch', 'Beardsen', 'Edinburgh', und 'Muirhead'. Flache, nur 3 cm hohe Matten bildet *Cassiope hypnoides*, sie ist aber selten und heikel. Sehr winterhart ist auch die mattenbildende *Cassiope lycopodioides*. Es gibt noch weitere Schuppenheiden, die aber meist etwas größer sind und sich deshalb nur für größere Troganlagen eignen und bei denen auch die oftmals geringere Winterhärte berücksichtigt werden muß. In diese Gemeinschaft gehören auch *Andromeda polifolia* 'Nana', *Phyllodoce caerulea* und *Pieris nana*. Die letztgenannte liebt es nicht zu sonnig, man findet aber immer Stellen im Trog, auf die eine andere Pflanze Schatten wirft.

Nochmals zusammengefaßt ist zumindest im zentraleuropäischen Kontinentalklima der Schutz vor Wintersonne bei einer im wesentlichen immergrünen Bepflanzung wichtig. Auf die Hilfe, die Koniferenäste leisten, wurde schon hingewiesen, denn luftig muß die Abdeckung trotzdem sein. Wo es möglich ist, lohnt es sich sogar, die Miniheide im Trog im Spätherbst mit Hilfe einiger Rohrabschnitte, die als Rollen dienen, in den Schlagschatten eines Gebäudes zu transportieren, heraus aus dem Bereich der schädlichen Wintersonne. Im Frühling erfolgt der Transport zurück. Bewußt wurden hier nicht die vielen anderen Heidearten erwähnt, bei denen es sicher auch die eine oder andere kleinere Form gibt, aber mit *Erica tetralix, E. vagans* und anderen sind zumindest in »Bayrisch Sibirien« die Erfahrungen negativ.

Ein Moor im Trog

Von der Heidelandschaft zum Moor ist nur ein kleiner Schritt, und auch in Gärten finden sich Anlagen, bei denen sich an den Heidegarten ein kleines Moor anschließt. Im Trog lassen sich – durch den geringen Platz bedingt – solche Kombinationen kaum durchführen. Auch läßt sich das Nebeneinander schon aufgrund der Feuchtigkeitsverhältnisse kaum verwirklichen. Bevor man den Trog füllt, wird für das Moor das meist unten befindliche Wasserabzugsloch verschlossen. Auf Dränagematerial kann man hier verzichten, denn das ganze Substrat soll mit Feuchtigkeit gesättigt sein.

Als **Substrat** eignet sich Torf oder Torf mit einer Beimischung von Rindenhumus. Alles muß aber frei sein von zusätzlichen Nährstoffen, egal ob organischer oder mineralischer Art. In Kalkgegenden, wo durch Feinstaub in der Luft immer eine gewisse andauernde und fortschreitende Neutralisation stattfindet, sollte zumindest ein Teil des Torfes aus dem stark sauren Schwarztorf bestehen. Günstig ist es, die Substratoberfläche nicht waagrecht zu halten, sondern schräg, so daß die dann unterschiedlichen Feuchtigkeitsverhältnisse eine größere Pflanzenauswahl ermöglichen. An einer Seite oder Stelle befindet sich ein flacher Tümpel in Miniatur und an anderer Stelle – etwas erhöht – der trockenere Platz, was sich durch Aufschichten von Torfziegeln leicht bewerkstelligen läßt. Der ideale Höhenunterschied zwischen Wasseroberfläche und angeböschten Torf beträgt etwa 15 bis 20 cm. *Sphagnum* (Torfmoos, Sumpfmoos) kann eine große Hilfe sein, sowohl kleingehackt der obersten Substratschicht beigefügt als auch als Pflanze selbst. Für die Ansiedlung genügt ein kleines Stück *Sphagnum*, das man von einer Waldwanderung mitbringt.

Als **Gehölz** bietet sich die Moorbirke, *Betula nana*, auch Nordische Zwergbirke genannt, an. Die Art wird etwa 50 cm hoch und noch etwas breiter, was man im Hinblick auf das Größenverhältnis

zum Trog oder Behälter berücksichtigen muß. Es gibt auch noch niedrigere Sorten, die besonders in England im Angebot sind, z.B. 'Glengarry' mit nur 25 bis 30 cm Höhe und der Superzwerg 'Walter Ingwersen' mit 10 cm Höhe. Daß solche Zwerge immer rar sind, liegt auf der Hand.

Hübsch wirken Wollgräser. *Eriophorum vaginatum* ist die niedrigste Art. Sie wird zwar an günstigen Plätzen höher, begnügt sich im Trog aber meist mit 20 cm Höhe. Die Moosbeere, *Vaccinium oxycoccos*, gehört an so einen Platz. Sie wächst kriechend, hat hübsche immergrüne Blättchen und schöne, rosafarbene Blüten. Hier muß auch das Moosglöckchen, *Linnaea borealis*, genannt werden. Die Sorte 'Americana' ist kulturfreundlicher als Formen aus nordeuropäischen Herkünften. *Gentiana pneumonanthe*, der Lungenenzian, ist ein typischer Moorsiedler. Es gibt morphologisch unterschiedliche Typen, neben den schmalen, hochstengeligen auch niedrige, kompakte wie beispielsweise die Pyrenäenform, die zu den Größenverhältnissen eines Troges paßt. An moorigen Stellen begegnet einem in der Natur das Fettkraut, *Pinguicula vulgaris*, eine kleine, insektenfangende Pflanze mit hübschen, fleischigen Blattrosetten. Die gleichen Eigenschaften hat der Sonnentau, *Drosera rotundifolia*. Man kann beide Arten an Ort und Stelle aussäen, andererseits bieten Gartencenter und ähnliche Geschäfte verstärkt Insektivoren an. Es gibt einen hübschen Zwergschachtelhalm, *Equisetum variegatum*, der aber wegen seiner Neigung zum Wuchern mit einem Topf oder einer nicht überwindbaren Manschette eingesenkt werden sollte. Gut kommt in solchen Substraten aus der Schachblumenverwandtschaft *Fritillaria camtschatcensis* fort, welche von Alaska her auch die nötige Härte mitbringt. 10 bis 20 cm hoch wird die Liliensimse, *Tofieldia calyculata*, mit schwertförmigen Blättern. Von den Erdorchideen kann von den Größenverhältnissen her nur das Sphagnum-Kna-

benkraut empfohlen werden, *Dactylorhiza sphagnicola*. Es findet sich allerdings höchst selten im gärtnerischen Angebot, und es ist Ehrensache, die geschützten Pflanzen nicht aus der Natur zu holen. Bei größeren Behältern kann man den Mokassin-Frauenschuh, *Cypripedium reginae*, verwenden, eine auffällige Pflanze, die öfter einmal angeboten wird und die in meinem Garten schon seit fast 25 Jahren steht.

Die Zwerge der Lavendelheide können dazugepflanzt werden. Der Gnom unter ihnen ist *Andromeda polifolia* 'Minima' (8 cm), aber auch die Sorten 'Compacta' und 'Compacta Alba' bleiben mit 15 cm Höhe klein. Der im Rohhumus unserer Wälder gedeihende Rippenfarn, *Blechnum spicant*, ist im Moortrog zwar ökologisch nicht ganz richtig plaziert,

wirkt aber hübsch an Eckplätzen. Einige Moorwurzeln (in Zoohandlungen zu bekommen) runden das Bild ab. Wichtig ist, daß insgesamt nicht zu eng gepflanzt wird. Zwischen den Pflanzen darf auch einmal das schwarzbraune Moor, sprich der Torf, zu sehen sein, was dann dem natürlichen Vorbild ein wenig näher kommt.

Es muß noch einmal betont werden, daß absolute Kalkfreiheit gegeben sein muß. Deshalb sind Tröge aus einem Kunststeinmaterial, welche alkalisch reagieren, ausgeschlossen, es sei denn, diese werden vorher sorgfältig mit einem zweimaligen Anstrich versehen, wobei der Lack auf einem unverseifbaren Bindemittel aufgebaut sein muß (Epoxidharz, Chlorkautschuk-, PVC-, DD-Lack). Es ist nicht einfach, die dazugehörigen Pflan-

Alte halbierte Holzfässer als Sumpftröge. Hier dominieren Kalmus, Schwertlilien und Binsen.

57

zen zu beschaffen, aber den Spezialisten befriedigt mühevolles Zusammentragen mehr als Kauf an der nächsten Straßenecke. Ein kleines Moor im Trog ist nichts für Anfänger, stellt aber für den, der ein Auge für stillere Schönheiten in der Natur hat, einen Höhepunkt in der Troggärtnerei dar.

Der Sumpftrog

Bei dieser Art von Trogbepflanzung handelt es sich grundsätzlich um kein langlebiges Gebilde. Die meisten Sumpfpflanzen sind ausgesprochene Wucherer. Tröge können sich im Sommer stark aufheizen, Wärme, Feuchtigkeit und genügend Nährstoffe sorgen oft für eine unerwünschte »Explosion« des Pflanzenwachstums.

Der Unterschied zum Moor besteht hauptsächlich in folgenden Punkten: Es handelt sich beim Substrat um nahrhaftere Erde. Deren Reaktion kann durchaus neutral sein und muß nicht im stärker sauren Bereich liegen. Das Substrat ist auch in allen Teilen feuchtigkeitsgesättigt, ein teilweise niedrigerer Wasserstand wird akzeptiert. Man kann einen Sumpftrog ökologisch perfekt allein mit heimischen Sumpfpflanzen gestalten, wobei aber wegen der schon angesprochenen Neigung der Pflanzen zum Wuchern der Trog schon innerhalb einer Vegetationsperiode unansehnlich wird. Bes-

ser ist es, geographische Gesichtspunkte außer acht zu lassen und die Zusammenstellungen aufgrund gleicher Ansprüche und einer gewissen Attraktivität auszuwählen. Wie auch beim Moor sind vorhandene Wasserabzugslöcher zu verschließen. Nicht völlig dichte Behälter kleidet man mit einer Folie aus, Teichfolie ist dafür besonders günstig. Bei deren Verwendung sollte doch ein mit einem Korken zu verschließendes Loch berücksichtigt werden. Das überschüssige Wasser muß nämlich im Herbst abgelassen werden, will man nicht in Kauf nehmen, daß der Winterfrost den Trog zersprengt. Das Substrat spielt nicht die Rolle, wie bei anderen Sonderformen der Troggärtnerei, eine anlehmige, mit etwas Torf versetzte Gartenerde genügt.

Es gibt für Sumpfbereiche viele Pflanzen, für unsere Zwecke schränkt sich die Anzahl aber ziemlich ein, denn die meisten werden zu hoch und zu breit. Einen gewissen Schwerpunkt sollten bei kleinen Flächen die Primeln bilden, die sumpfige Plätze lieben. Dazu gehört die auffällige Rosenprimel, *Primula rosea*, von der es etliche Sorten gibt und die oft angeboten wird. Manchmal geht sie schon bald ein, da ihr nicht der gewünschte feuchte Platz geboten wird. Auch eine ihrer Hybriden, *Primula* 'Peter Klein', gehört hierher oder die ganz kleinen *Primula warshenewskiana* und *P. clarkei*. Die letztgenannte benötigt allerdings etwas Schutz vor Spätfrösten,

Zwergige Glockenblumen eignen sich gut zur Bepflanzung von Schalen und Trögen. Die Bepflanzung wird ergänzt durch weitere kleine Kostbarkeiten.

58

das gilt besonders für die früh erscheinenden Blüten. In größere Sumpftröge gehört *Primula sikkimensis* und die noch höhere *Primula helodoxa*. Auch *Primula japonica* bei den Etagenprimeln macht mit, ebenso wie so manche andere aus dieser Sektion.

Hübsch sind die Sumpfdotterblumen, *Caltha palustris*, von denen man im Garten eher die weiße *C. p.* var. *alba* und die gefüllte 'Multiplex' setzt. Niedrig bleibt auch die Sumpfcalla, *Calla palustris*, doch entwickelt sie sich sehr in die Breite, und man muß sich überlegen, ob man ihr den Wurzelraum nicht durch eine Blech- oder Kunststoffmanschette beschneidet. Wo Kleinkinder im Garten spielen, sollten die giftigen Beeren vor der Rötung entfernt werden. Die Beschränkung des Wurzelraumes gilt auch für den schon beim Moor erwähnten Buntschachtelhalm, *Equisetum variegatum*.

Aus dem Moorbereich kann auch das Wollgras, *Eriophorum vaginatum*, übernommen werden, doch setzt dies wieder eine saure Bodenreaktion voraus. Hübsch sieht das den Boden überspinnende Pfennigkraut, *Lysimachia nummularia*, aus, das über den Trogrand herunterhängt und mit gelben Blüten besetzt ist, wobei die gelblich gefärbte Form 'Aureum' besonders gut wirkt. Auch unter den Binsen gibt es eine kleinere Art, nämlich *Juncus compressus*. Eine wichtige Rolle spielen die Gauklerblumen, von denen die besonders auffällige Sorte *Mimulus cupreus* 'Roter Kaiser' gut ausdauert und niedrig bleibt.

Das Sumpfvergißmeinnicht wird oft etwas höher, in manchen Böden hält es sich bei 25 cm Höhe. Ihr hellblauer Blütenfarbton ist aber wichtig für eine abwechslungsreiche Gestaltung. Bei etwas größeren Pflanzflächen kann man auch den Zwergrohrkolben, *Typha minima*, setzen und den Tannenwedel, *Hippuris vulgaris*. Hübsch sieht ebenfalls das Sumpfherzblatt, *Parnassia palustris*, aus. Bei größeren Behältern mit mehr Pflanzfläche erweitern sich die Möglichkeiten noch erheblich.

Sammlung kleiner Kostbarkeiten

Der fortgeschrittene Troggärtner wendet sich nach einiger Zeit immer mehr ausgesprochenen Kostbarkeiten zu, wobei das Wort Kostbarkeit nicht in finanzieller Hinsicht gemeint ist, sondern mehr auf Seltenheit, Attraktivität und beschränkte Größe hinweist. Karl Foerster bezeichnete solche Pflanzen auch als »kleine Schönheitsbomben«. Bei solchen Kombinationen spielt es keine Rolle, ob die Pflanzen aus dem Flachland oder aus dem Hochgebirge kommen, aus Zentraleuropa oder Japan oder ob der ökologische Verbund stimmt. Die Auswahl richtet sich danach, ob die Pflanze für den Trog und für das gewählte Substrat geeignet ist und ob sie gut aussieht. Immer kommt es dabei auf ein ausgewogenes Verhältnis zwischen Zwerggehölzen und niedrigen und flachen Stauden an.

Nicht alle Pflanzen, die von der Größe her mit dem Pflanzbehälter harmonieren, eignen sich für die Troggärtnerei. Oft gehört lange Erfahrung dazu, bis man »die Spreu vom Weizen« getrennt hat. In den folgenden Listen sind Pflanzen aufgeführt, die sich bei einem Pflanzenfreund in Oberbayern und im eigenen Garten im östlichen Oberfranken bewährt haben.

Die Tonschale beherbergt eine Zwergulme, eine panaschierte Segge und als pflanzliches Kleinod eine Pleione.

Geeignete Kostbarkeiten für den Trog nennt das Kapitel »Bessere Alpine« ab Seite 75.

Beide Gebiete sind aus klimatischer Sicht alles andere als bevorzugt. Die genannten Kombinationen bedeuten keine Patentrezepte, sollen aber als Anregung dienen. Genaues Kopieren dürfte bei Trögen, die neben Pflanzen aus dem Normalsortiment auch Raritäten enthalten, immer problematisch sein, schon weil es schwierig sein wird, die selteneren Pflanzen vollzählig zu beschaffen. Die Zusammenstellungen in den nebenstehenden Tabellen sind dem eigenen Garten entnommen, der auf 360 m Höhe über dem Meeresspiegel liegt.

Beispiel der Bepflanzung eines Großtroges von 6 m Länge und 40 cm Breite. Standort: sonnig, gegen Abend beschattet

Nadelgehölze
Chamaecyparis obtusa 'Rigida'
– – 'Nana'
Juniperus squamata 'Blue Star' (einstämmig gezogen)

Picea abies 'Little Gem'
– – 'Parsonit'

Laubgehölze
Cotoneaster adpressa 'Little Gem'
Daphne cneorum
Euonymus nana
Hebe pinguifolia 'Pagei'

Salix × boydii
Spiraea 'Nyewoods Var.'
Ulmus elegantissima 'Jaqueline Hillier'*

Gräser
Carex hachijoensis 'Evergold'
– firma 'Variegata'

Festuca glacialis 'Nana'
– valesiaca 'Glaucantha'

Farn
Ceterach officinarum als sonnenverträglicher Farn

Kleinstauden**
Achillea × kellereri
Actinella scaposa
Ajuga crispata
Allium cyaneum
– – 'Album'
Alyssum serpyllifolium
Androsace arachnoideum
Antennaria 'Nyewoods Var.'
Arabis nipponica
Armeria juniperifolia 'Bevans Var.'
Aster natalense
Astilbe microphylla
Campanula dasyantha
– speciosa

Crassula setulosa var. curta
   (syn. C. milfordiae)
Dianthus furcatus
– gracilis var. simulans
– pavonius
– squarrosus 'Nanus'
Dodecatheon meadia
– – 'Red Wings'
Dryas octopetala 'Nana'
Fritillaria nigra var. orientalis
Gentiana freyniana
– septemfida var. lagodechiana
Globularia repens
Gypsophila repens

60

Kleinstauden** (Fortsetzung)

Iris furcata
Leontopodium camtschaticum
Lewisia-Hybride 'Sunset Strain'
Linum capitatum
Marrubium supinum
– incanum (wird höher)
Saponaria × oliviana
Saxifraga × burgatii
– callosa
– cuneifolia × paniculata
– longifolia
– moschata
– paniculata 'Baldensis'
– paniculata var. carinthiaca

Sedum ewersii var. homophyllum
– hispanicum 'Nanum'
– pachyclados
– pilosum
– pluricaule
– spathulifolium 'Cape Blanco'
Sempervivum 'Gloriosum'
– 'Ordensstern'
– 'Pilatus
– 'Roter Kristall'
– 'Silberknopf'
Tulipa biebersteinii
Veronica schmidtii
– spec. 'Col de Aubisque'

---

* Die Sorte wird größer, kann aber bei engem Wurzelraum und Einkürzen von Trieben etliche Jahre im Trog gehalten werden.
** Die Auswahl enthält nicht nur extreme Zwerge. Der zur Verfügung stehende Platz erlaubt auch die Verwendung von einigen kräftigeren Exemplaren.

Der in der nachstehenden Tabelle beschriebene Trog steht unter einer Pergola. Die Zeichnung Seite 16 verdeutlicht dieses etwa 3 m lange, künstliche Troggebilde. Obwohl die Besonnung nur durch die Balken der Pergola reduziert ist, können Pflanzen mitverwendet werden, die bei voller Sonne Schwierigkeiten bereiten oder einen zu großen Pflegeaufwand erfordern würden, wie beispielsweise die Kabschia-Saxifragen, von denen es viele Farbsorten gibt.

Doppeltrog aus U-Steinen, 3 m lang. Standort: unter einer Pergola, leicht beschattet

Gehölze

Picea abies 'Capitata'
Pinus strobus 'Minima'
Daphne × thauma
Euonymus nana

Cotoneaster 'Schneiderianus'
Amelanchier pumila
Salix apoda 'Mane Form'

Stauden

Acantholimon glumaceum
Adonis amurensis 'Plena'
Aethionema iberideum
Ajuga crispata
Antennaria dioica var. borealis 'Minima'
– 'Nyewoods Var.'
Arenaria gracilis
Astilbe microphylla
Campanula persicifolia f. nitida
– tridendata

Dianthus gratianopolitanus
'Pummelchen'
– – 'Juwel'
Edraianthus serbicus
Erigeron uniflorus
Erinus alpinus
Festuca valesiaca 'Glaucantha'
Gentiana septemfida var. lagodechiana
Gypsophila repens
Haberlea ferdinandi-coburgi

Stauden (Fortsetzung)

Hepatica nobilis
Hosta venusta
Iberis candolleana
Lamium maculatum 'White Nancy'*
Moehringia muscosa

Penstemon humile
– campanulatus
Ranunculus alpestris 'Plena Annemarie'
– montana 'Plena'
Saponaria lutea

Krustige Steinbreche

Saxifraga 'Lindau'
– kolenatiana

– paniculata 'Dolomiten Typ'
– longifolia-Hybride 'Typ Kober'

Kabschia-Saxifragen

Saxifraga × *petraschii* 'Assimilis'
– × hornibrookii 'Bellisant'
– × boydii 'Cherrytrees'
– × irvingii 'Jenkinsiae'
– ferdinandi-coburgi var. *rhodopea*
– × kayei 'Kewensis'
– × boydii 'Klondike'
– × paulinae 'Kolbiana'

– biasolettii 'Lohmuelleri'
– × elisabethae 'Mrs. Leng'
– petraschii 'Kaspar Maria Sternberg'
– marginata var. *rocheliana*
Intermedia'
– × irvingii 'Rubella'
– stribrnyi
und zehn weitere

Saxifragen aus anderen Sektionen

Saxifraga aspera
– 'Luschtinez'
– pubescens ssp. *delphinensis*
Sedum acre 'Golden Queen'
– anacampseros
– dasyphyllum
– hillebrandtii
– kamtschaticum 'Jekari Daki'

– tatarinowii
Sempervivella alba
Sempervivum arachnoideum
  'Kärtner Typ'
– leucanthum
Sisyrinchum angustifolium
Veronica armena

---

* Dehnt sich in die Breite aus, wächst als Abschlußpflanze über den Trogrand hinab und muß nach innen zurückgeschnitten werden.

Die Bepflanzungsbeispiele für größere Tröge in den Tabellen sollen Anhaltspunkte sein. Es handelt sich bei den genannten Pflanzen keineswegs um Exemplare für eine farbenfrohe Zusammenstellung, viele Pflanzen sind stillere Schönheiten für den Kenner.

Beispiele für kleinste Tröge, Größe 30 × 30 cm oder 30 × 40 cm

---

Trog 1

Buxus sempervirens 'Elegantissima'
Festuca nana
Salix apoda 'Mane Form'

Silene acaulis 'Plena'
Sempervivum-Arten
Kabschia-Saxifragen

Trog 2

Buxus microphylla 'Kingsville Dwarf'
Arabis ferdinandi-coburgi 'Variegata'
Cotoneaster adpressa 'Little Gem'

Festuca valesiaca 'Glaucantha'
Kabschia-Saxifrage 'Karasava'

Trog 3

Chamaecyparis obtusa 'Pygmea'
Antennaria dioica var. borealis 'Minima'
Carex firma 'Variegata'

Hypericum-Arten
Sedum oreganum

Trog 4

Chamaecyparis lawsoniana 'Gnom'
Sempervivum ciliosum
Sempervivum 'Oddity'
Leontopodium alpinum var. nivale
Draba rigida var. imbricata

Sedum pilosum
Dianthus kitaibelii
Androsace carnea ssp. brigantiaca
Kabschia-Saxifragen

Die nachfolgende Tabelle gibt Pflanzen wieder, die in den zahlreichen Trögen eines engagierten Pflanzenfreundes und Troggärtners sehr gut gedeihen und sich zu wunderschönen Kombinationen gruppieren. Die Pflanzen dieser Auswahl ergeben naturnahe Bilder und keinesfalls farbliche »Paukenschläge«, sie sind für Fortgeschrittene gedacht. Die Angaben beruhen auf Erfahrungen in einem Garten in Oberbayern in 600 m Höhe, an den auf einer Seite ein Waldgebiet anschließt, was der Luftfeuchtigkeit zugute kommt.

Pflanzen, die sich unter oberbayerischen Verhältnissen im Trog bewährt haben

Koniferen

Pinus leucodermis 'Schmidtii'	besonders schön, wächst langsam
– parviflora 'Adocks Dwarf'	ebenfalls schön, wächst langsam
– – 'Nageshii'	wird etwas größer
– pumila 'Saphir'	malerischer Wuchs; neue Triebe im Frühjahr halbieren
– mugo 'Mops'	wird etwas größer
– – 'Säntis'	bleibt bei beengtem Wurzelraum überraschend klein
– pumila 'Glauca'	schön, wird etwas größer
– nigra 'Helga'	schön, malerischer Wuchs
– strobus 'Krügers Liliput'	Nadeln werden im Laufe der Jahre immer kürzer
– mugo 'Allgäu'	sehr schön
Picea abies 'Little Gem'	für Eckplätze geeignet
– – 'Clanbrassiliana'	winterhart, wächst langsam
– glauca 'Conica Laurin'	bekannte kegelförmige Auslese
Juniperus procumbens 'Nana'	schön in Trogecken, Zweige mit Hilfe einer Schnur nach unten biegen
– chinensis 'Plumosa Aurea'	schön, wächst bei magerem Stand überraschend langsam, insbesondere, wenn man im Frühjahr neue Austriebe stutzt

Koniferen (Fortsetzung)

– *squamata* 'Blue Star'	altbekannt und bewährt
Cryptomeria japonica 'Bandai-sugi'	überraschend winterhart, wächst langsam
Microbiota decussata	überraschend winterhart, schön für Trogecken
Thujopsis dolabrata 'Nana'	besonders schön, aber nur im Halbschatten mit nicht zu magerer und zu trockener Erde

---

Zwerglaubgehölze

Clematis alpina	sehr schön, wenn die Pflanze klettern kann
Cytisus decumbens	für Trogecken
Daphne cneorum 'Exima'	besonders schön, bleibt niedrig, blüht auch im Trog zweimal
Genista pulchella	für Trogecken
Rhododendron keiskei	kriechender Klon von Willi Reich
– – 'Jakufairy' × *R. carolinianum*	kriechend, sehr winterhart
– 'Ptarmigan'	kriechend
– *camtschaticum*	blüht zweimal
– 'Intrifast'	aufrecht, aber niedrig
– 'Nakaharai Marikko'	kriechend, schön wegen der späten Blüte
– 'St. Merlyn'	wächst aufrecht, bleibt aber niedrig
Salix retusa	überspinnt Steine
– *reticulata*	etwas schwieriger zu kultivieren
– *hylematica*	hängt an der Trogwand herunter
Cassiope 'Edinburgh', 'Badenock' und 'Randle Cooke'	schön zusammen mit Zwergrhododendron

---

Kleinstauden

Acantholimon albanicum
Achillea umbellata
Aethionema oppositifolium
Alyssum serpyllifolium
– *wulfenianum*
Androsace carnea ssp. *brigantiaca*
– – ssp. *laggeri*
– *lactea*
– *muscoidea*
– *sarmentosa*
– *sempervivoides*
– *villosa* var. *jacquemontii*
– *wulfeniana*
Aquilegia flabellata var. *pumila*
Arenaria purpurascens
– *rigida*
– *tmolea*
Armeria juniperifolia
Artemisia umbelliformis
Aster alpinus

Campanula cochleariifolia
– *dasyantha*
– × *hallii*
Dianthus arenarius
– *campestris*
– *deltoides* 'Alba'
– *furcatus* 'Lereschei'
– *petraeus* ssp. *noeanus*
– *webbianus*
Draba haynaldii
– *mollissima*
– *polytricha*
Dryas octopetala var. *integrifolia*
Edraianthus pumilio
Gentiana septemfida var. *lagodechiana*
Geranium argenteum
Gypsophila repens 'Letchworth'
Helianthemum oelandicum
– – 'Serpyllifolium'
Hosta 'Japangirl'

Kleinstauden (Fortsetzung)

Jovibarba heuffelii
Leontopodium alpinum ssp. nivale
Lewisia columbiana var. rupicola
– heckneri
– tweedyi
Linaria alpina
Minuartia graminifolia
Orostachys iwarenge
Penstemon caespitosus
– hirsutus 'Pygmaeus'
– menziesii 'Microphyllus'
– pinifolius
– pulchellus
Phlox caespitosa
Plantago nivalis
Polemonium boreale
Polygonatum hookeri
Primula auricula ssp. bauhinii
– clusiana
– daonensis
– × deschmannii
– frondosa
– glaucescens ssp. longobarda
– hirsuta
– marginata
– modesta
– pedemontana
– viscosa
– × wockei
Ranunculus alpestris 'Plena Annemarie'
– montanus 'Plenus'
– traunfellneri
Saponaria × olivana
Satureja montana ssp. illyrica

Selaginella helvetica
Sedum acre 'Cristatum'
– – 'Golden Queen'
– cauticolum
– pachyclados
– sarmentosum
– spurium 'Tricolor'
Silene acaulis 'Floribunda'
– alpestris
Senecio halleri
Thalictrum kiusianum
Thymus caespitosus
Veronica armena 'Rosea'
– spicata ssp. incana
Vitaliana primuliflora
– – ssp. cinerea
Saxifraga callosa var. latonica
– – var. lantoscana
– cochlearis 'Minor'
– – 'Pseudo-Valdensis'
– cotyledon und Sorten
– crustata
– cuneifolia 'Aureopunctata'
– × farreri
– hostii var. altissima
– – var. rhaetica
– muscoides 'Findel'
– oppositifolia
– paniculata 'Multipunctata'
– – var. minutifolia
– – 'Winterfeuer'
– × tazetta
– 'Whitehill'

Farne

Asplenium trichomanes
Blechnum penna-marina f. novae-zelan-
   diae
Woodsia polystichioides

Gräser

Alopecurus lanatus
Carex firma 'Variegata'
Luzula groenlandia (?) 'Atrata'

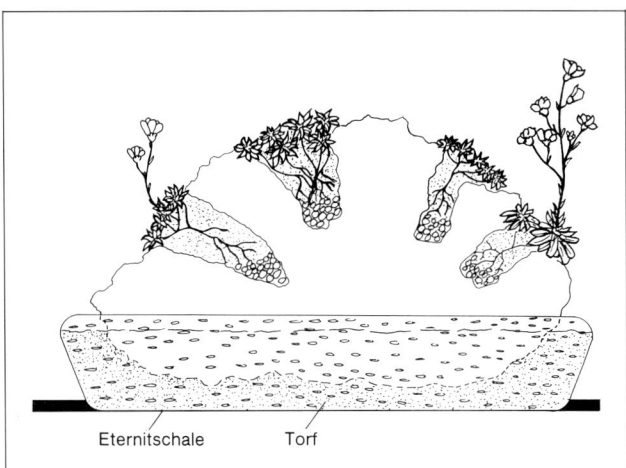

Eternitschale   Torf

Bepflanzte Tuffsteine

Auf die Verwendung von Steinen bei der Troggärtnerei wurde schon hingewiesen. Teils haben sie die Funktion, auch bei solchen kleinen Flächen geringe Höhenunterschiede auszugleichen, teils werden sie als rein schmückendes Element verwendet. Einen zusätzlichen dekorativen Effekt kann man erreichen, wenn man diese Steine zusätzlich bepflanzt. Es ist

einleuchtend, daß sich für solche Bepflanzungen nicht alle Gesteinsarten eignen, bei Urgestein und bei Sedimentsteinen beispielsweise ist eine Bepflanzung kaum möglich. Man kann hier vielleicht Exemplare finden, die mit schönen Moosen oder Flechten bewachsen sind, und von daher Schmuckwert besitzen. Bessere Bepflanzungsmöglichkeiten bieten die Kalkknollensteine, die von Natur aus Löcher und größere Vertiefungen aufweisen, in die man Pflanzen setzen kann. Solche Steine findet man noch ziemlich zahlreich an den mit Bäumen und Sträuchern bedeckten Hängen des Jura. Für norddeutsche Troggartenfans ist es dagegen nicht leicht, Zugriff zu erhalten.

Weiter kommen die eigentlichen Tuffsteine in Frage, zwei Arten bieten sich an: Auf der einen Seite eignet sich rötlicher Vulkantuff, wie er zahlreich in der Eifel vorkommt und in Steinbrüchen, aber auch im Handel, leicht zu erhalten ist. Diese Gesteinsart ist auch unter der Bezeichnung »Lavalit« bekannt. Trotz seiner Porosität läßt sich diese Gesteinsart nicht leicht bearbeiten (bohren), wobei zu sagen ist, daß es weichere und härtere Brocken gibt. Bleibt der eigentliche Kalk-

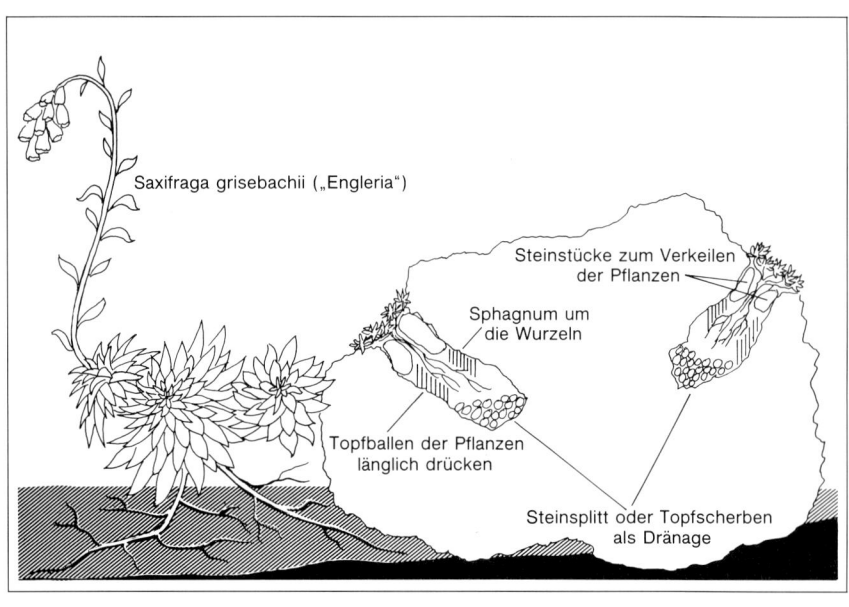

Saxifraga grisebachii („Engleria")

Steinstücke zum Verkeilen der Pflanzen

Sphagnum um die Wurzeln

Topfballen der Pflanzen länglich drücken

Steinsplitt oder Topfscherben als Dränage

tuff, der immer befriedigt und zugleich zahlreiche Möglichkeiten hinsichtlich der Bepflanzung bietet, da sich die Löcher verhältnismäßig einfach anbringen lassen. Entweder es werden kreisförmig oder oval eine möglichst große Anzahl von Bohrungen nebeneinander angebracht (mit dem Heimwerkerbohrer) und die noch vorhandenen Brücken mit Hammer und Meißel beseitigt. Oder es wird ein zusätzliches Zwischenbohrfutter aufgesetzt, welches den Einsatz von Bohrungen mit größerem Durchmesser ermöglicht. Auf diese Weise ergibt jede Bohrung schon ein brauchbares Loch. Keinesfalls muß bei einem Tuffstein das Pflanzloch ganz den Stein durchdringen. Die poröse Struktur des Steines garantiert eine gewisse feuchtigkeitsspeichernde Eigenschaft, aber auch eine Dränage. Denn übermäßige Feuchtigkeit im Pflanzloch, welches keine Verbindung nach unten hat, absorbiert der Stein sofort. Ohne Zweifel sind Tuffsteine gesucht und – wenn man diese über den Handel erhält – gar nicht billig, aber man will ja keinen ganzen Steingarten damit ausstatten, sondern benötigt nur ein oder zwei Exemplare für die Troggärtnerei, und diese sind noch erschwinglich.

Die Palette der für die Steinpflanzung geeigneten Pflanzen ist nicht sehr groß, wenn man einen pflegeleichten Trog haben möchte. Die Pflanzen müssen vor allem ziemlich trockenheitsresistent sein, denn die oben aufliegenden Steine mit geringem Volumen sind weit mehr der Hitze und Trockenheit ausgesetzt als der Trog mit seinen Pflanzen selbst. Bestens geeignet sind besonders die Naturhybriden und Sorten der Hauswurz-Arten *(Sempervivum)*, besonders die gut polsterbildenden, die im Pflanzenabschnitt aufgeführt sind. Sehr gut haben sich die nahe verwandten *Jovibarba* bewährt, allen voran die Vielzahl von *Jovibarba heuffelii*. Man könnte fast meinen, sie seien extra für Tuffsteine geschaffen worden. Zudem sind *Jovibarba* an solchen extremen Pflanzplätzen äußerst dauerhaft. Als andere Sukkulente eignen

sich die vielen Fetthennen-Arten *(Sedum)*.

Unter den kleinen Gräsern fühlen sich zahlreiche Schafschwingel an solchen Plätzen noch wohl. Thymian *(Thymus)* überzieht von solchen Pflanzlöchern aus den gesamten Stein, ebenso die Mauermiere *Paronychia kapela* ssp. *serpyllifolia*. Verschiedene Hungerblümchen fühlen sich in Tuffsteinlöchern wohl, in meinem Garten haben sich *Draba rigida* var. *imbricata* und *Draba × suendermannii* für diesen Zweck besonders bewährt. Die Eberwurz, *Carlina vulgaris*, eine zweijährige Pflanze, hat sich selbst angesät, und ebenfalls das Zwerggehölz *Petrophyton caespitosum* (syn. *Spiraea caespitosa*) sowie *Pulsatilla vulgaris* 'Grandis Alba'. Solche Selbstaussaaten auf Tuff erhöhen den naturnahen Eindruck. Weitere Pflanzen für Tuffsteinlöcher sind die zahlreichen Krustigen Steinbreche, allen voran die große Auswahl von *Saxifraga paniculata*, aber auch eine Einzelrosette vom Pyrenäensteinbrech, *Saxifraga longifolia*, kann toll aussehen. Den letztgenannten pflanzt man allerdings immer auf die nach Osten oder Norden geneigte Seite.

Nicht vergessen werden dürfen die Nelken. Alle kleinbleibenden Arten eignen sich, vorausgesetzt sie sind keine Kalkhasser. Sogar die Primeln haben eine Art, die mitmacht: *Primula marginata*. Auch deren Pflanzloch sollte nach Norden zeigen.

Das war eine Auswahl, die sich bei mir im Garten bewährt hat. Wer sucht, der findet sicher noch weitere Pflanzen, die sich auf Tuffsteinen wohlfühlen.

Schwierigkeiten bereitet die Ansiedlung, denn meist ist der Wurzelballen der betreffenden Pflanze viel zu groß für das vorhandene enge Tuffsteinloch. Deshalb ist es wichtig, junge Pflanzen zu nehmen. Diese kommen dann auch viel zügiger voran und sind bald eingewachsen. Trotzdem ist es manchmal nötig, den Ballen zu verkleinern. Bei der einfachsten Methode wird eine entsprechende Menge Erde aus den Wurzelballen ausge-

Fast wie am Naturstandort im Gebirge wurzeln die Pflanzen in engen Steinnischen.

Ein Holzfaß läßt sich mit kleinwüchsigen Dahlien hübsch gestalten.

waschen. Dabei bleiben die Wurzeln unbeschadet. Man hält sie zum Auswaschen einfach unter den Wasserhahn. Hat der Wurzelbereich die richtige Größe, wird der Restballen in das Tuffsteinloch gedrückt, auch hier oft noch unter Zuhilfenahme von Wasser aus der Gießkanne. Anschließend wird von oben Erde nachgefüllt, was man nach etlichen Tagen wiederholen muß, wenn sich das Ganze gesetzt hat. Hat man es mit seitlich geneigten Löchern zu tun, die an den Stein angebracht wurden, kann man die Wurzelballen der Pflanzen zusätzlich mit einigen Steinchen verkeilen.

Annuelle – klein, aber farbenfroh

Es gibt zahlreiche Möglichkeiten, einen Trog zu bepflanzen. Dieses Buch soll die gesamte Bandbreite aufzeigen, und da dürfen Sommerblumen nicht fehlen. Le-diglich Kombinationen in der Art einer Fensterkasten-Bepflanzung werden hier nicht behandelt, Pflanzungen also, bei denen Petunien, Geranien *(Pelargonium)*, Pantoffelblumen, Knollenbegonien und Fuchsien die erste Geige spielen.

Bei Sommerblumen-Bepflanzungen spielt das Material, woraus der Trog besteht, keine Rolle, alle Materialen sind geeignet. Allerdings sind hier Tröge aus Holz besonders empfehlenswert. Die Bepflanzung hält nur eine Vegetationsperiode. Im Herbst werden die Reste der verschwundenen Pracht mit der anhaftenden Erde kompostiert. Ein Trog aus Holz hat nur ein geringes Eigengewicht, er läßt sich leicht transportieren und kann eventuell wettergeschützt bis zum Frühling aufbewahrt werden. Das unten befindliche Wasserabzugsloch für die überschüssige Feuchtigkeit ist dringend notwendig, ebenso wie bei einer Dauerbepflanzung. Auch hier wird es in erwähnter Weise gegen Verschlämmung und Verstopfung geschützt (Sieb, Topfscherben).

Das **Substrat** spielt nicht die große Rolle wie bei Pflanzungen mit alpinen Wildstauden. Eigentlich ist jede Erde brauchbar, die man im eigenen Garten hat und für Sommerblumen-Pflanzungen nimmt. Andererseits ist es besser und einfacher, unkrautfreie, nährstoffreiche Substrate zu nehmen. So ist TKS 2 gut

geeignet, das man aber nicht pur nehmen muß, sondern das im Verhältnis 1 : 1 mit Sand vermischt einige Vorteile bietet. Auch alle anderen im Handel befindlichen Blumenerden kann man nehmen, aber auch hier ist es besser, mit Sand zu mischen. Erstens ist es umweltfreundlicher (die Torfvorräte werden geschont), denn die meisten dieser Industrieerden bestehen zum allergrößten Teil aus Torf. Zweitens läßt sich so eine Mischung viel leichter anfeuchten als reiner Torf. Jeder Gartenbesitzer weiß, wie schwierig es ist, ausgetrockneten Torf wieder anzufeuchten, und gerade im Trog kommt es schon vor, daß das rechtzeitige Gießen einmal unterbleibt. Als weiteres wird bei Dauerregen auch kein Sumpf entstehen. Die Nährstoffversorgung ist bei käuflichen Blumenerden und Torfkultursubstraten gegeben, auch bei dieser erwähnten 1 : 1-Mischung mit Sand. Man will ja gerade auf solchen Kleinflächen keine großen mastigen Pflanzen mit viel Blattwerk, sondern niedrige kompakte, reichblühende Pflanzen, die im Größenverhältnis zum Behälter passen.

Die **Pflegemaßnahmen** erfordern ein Minimum an Aufwand. Die Unkrautbekämpfung fällt kaum ins Gewicht, wenn man die erwähnten unkrautfreien Substrate verwendet. Höchstens wird sich hin und wieder ein Pflänzchen durch Samenanflug entwickeln. Verblühtes wird immer wieder abgeschnitten – aus deko-

rativen Gründen und um den Trieb und neue Blütenbildung wieder anzuregen. Die Hauptbetätigung bildet die Wassernachhilfe, und wenn diese mittels Schlauch erfolgen kann, fällt sie auch nicht ins Gewicht.

Das verwendete **Pflanzenmaterial** hängt von der Größe des Troges bzw. des Behälters ab. Bei kleinsten Flächen genügt eine Dreier- oder Fünfergruppe, das heißt es werden drei oder fünf verschiedene Pflanzen gesetzt. Man muß hier umdenken: Bei großflächigen Pflanzungen von Sommerblumen sollen möglichst wenige Arten verwendet werden, diese aber massiert, um eine gute Wirkung zu erreichen. Gut ist es, wenn eine der Pflanzen einen etwas hängenden Charakter zeigt, wie etwa hängende Verbenen oder Lobelien. Es sieht viel schöner aus, wenn die nackte Wandung teilweise von Pflanzen überwachsen wird.

Bei der Auswahl der Pflanzen ist auch bei kleiner Stückzahl auf die Harmonie der Blütenfarbtöne zu achten. Zu den größten Sünden gehört beispielsweise das Zusammenpflanzen von gelbstichigen und blaustichigen Rottönen. Wichtig sind immer Pflanzen mit weißen Blüten oder auch solche mit silbergrauem Blattwerk. Sie wirken stets etwas vermittelnd, auch bei schwierigeren Farbtonkombinationen. Bei der Auswahl muß nicht stur auf gleiches Höhenwachstum

Eine Bepflanzung mit Sommerblumen hält nur ein Jahr. Diesen großen Trog beherrschen Fuchsien und Knollenbegonien.

Beschreibungen von kleinbleibenden Sommerblumen siehe Seite 95 bis 96.

Zwergdahlien, zusammen mit anderen Sommerblumen in einem Holzkasten.

Verbena 'Derby Coral' (2)
Lobelia erinus 'Kristallpalast' (2)
Dianthus chinensis 'White Charm' (2)
Senecio bicolor 'Silverdust' (2)
Tagetes (niedrige orangefarbene Sorte) (3)
Lobularia maritima 'Schneeteppich' (mehrere)
Sanvitalia procumbens (1)

Trog mit kleinen Sommerblumen (Pflanzfläche etwa 55 × 55 cm).

Kombination von Kleinstauden mit Sommerblumen

Der Troggarten-Spezialist wird hier den Kopf schütteln und eine solche Kombination ablehnen. Das sind aber vorschnelle Urteile. Nicht jeder Trogbesitzer ist gleichzeitig ein passionierter Liebhaber hochalpiner Pflanzen. Ohne Zweifel gehört beim Mischen etwas Fingerspitzengefühl dazu. Man kann keine dickköpfigen, niedrigen Tagetes zu Edelweiß und Hauswurz setzen oder gefüllte Knollenbegonien (die jetzt vermehrt als Einjährige gezogen werden) zu Zwergfarnen und Thymian.

Die Kleinstaudenpartner muß man als gegeben akzeptieren, ihr naturnahes Aussehen läßt sich kaum verändern. Dagegen ist die Sommerblumenpalette so groß, daß man auch hier etliche Partner, die nicht so gartenhaft und überzüchtet wirken, findet. Sie können als Kombinationspflanzen dienen. In den wenigsten Fällen wird man gleich von so einer Kombination ausgehen, zu Beginn steht sicher ein mit Zwerggehölzen und kleinen Stauden bestückter Trog oder Behälter. Meist gibt es schon bald irgendwelche Ausfälle. Dann steht die Entscheidung an, entweder wieder Stauden nachzupflanzen oder die Lücken mit Sommerblumen zu kaschieren. Dies kann während einer Vegetationsperiode geschehen, bis man wieder geeignetes staudiges Material zur Hand hat, oder man akzeptiert das als Dauerzustand, und alljährlich wird neu kombiniert.

Solche aus der Not geborenen Gehölz-Stauden-Sommerblumen-Kombinationen finden sich auch häufig im öffentlichen Grün, wo ja auf Straßen und Plätzen sehr oft mobile Gärten in allen Varianten zu sehen sind. Teilweise erfolgt hier eine zweimalige Bepflanzung – im Spätherbst und Frühling mit zweijährigen Pflanzen, und im Sommer mit einjährigen. Bei den zweijährigen (Biennen) fügen sich besonders Stiefmütterchen mit möglichst kom-

geschaut werden, gerade durch etwas Bewegung wirkt die Pflanzung gefälliger. Man kann sogar »eine Rakete hochschießen lassen« – natürlich immer unter Berücksichtigung der Gesamtproportion –, sei es durch annuelle Ziergräser, zweijährigen Fingerhut oder Königskerzen. Oder man steckt in den Behälter z.B. einen Bambusstab als Rankhilfe und läßt einen einjährigen Schlinger hochwachsen wie etwa die Schwarzäugige Susanne, Kaiserwinde oder rankende Kapuzinerkresse. Man kann solche Schlinger auch ohne Kletterhilfe pflanzen, so daß die Triebe dann aus dem Trog nach unten wachsen und dekorativ über den Boden kriechen. Weiterhin sind Kombinationen mit Knollenpflanzen möglich. Dahlien erhält man in jeder Größenordnung, und vom Indischen Blumenrohr *(Canna)* gibt es auch Zwergformen. Eine Aufstellung der vielen verwendbaren Sommerblumen findet sich im Abschnitt »Kleinstes bei Sommerblumen« ab Seite 93.

paktem Wuchs ein (für kleinste Plätze beispielsweise *Viola* 'Baby Lucia'), ebenso Gartengänseblümchen (*Bellis* vom Typ 'Pomponette') und Vergißmeinnicht (niedrige, kompakte wie 'Compindi', 'Blaue Kugel', 'Nina Blue', 'Nina Rose' und 'Nina White'). Als Lückenfüller sollten sie nicht im Streuzuckerverfahren verwendet werden, sondern sie stehen auch auf beschränkten Flächen besser in kleinen Gruppen.

Wie erwähnt, ist es nicht einfach, aus dem großen Sommerblumen-Angebot geeignete Sorten herauszusuchen. Die meisten wirken für diesen Zweck zu prächtig, farbenfroh und gartenhaft. Diese können in einem Trog verwendet werden, der ausschließlich Sommerblumen enthält, aber nicht in Kombination mit Stauden. Wer die Pflanzen als Lückenfüller für ausgefallenes Staudenmaterial benötigt, sollte nicht zu früh pflanzen, denn oftmals treiben totgeglaubte Stauden aus der Basis wieder aus. Wenn möglich, wird bis Anfang Juni gewartet, dann erkennt man echte Lücken.

Eine erstklassige Pflanze für diesen Zweck, die erst vor kurzer Zeit eingeführt wurde (aber trotzdem schon überall angeboten wird), ist das Spanische Gänseblümchen, *Erigeron karvinskianus*. Um Verwechslungen zu vermeiden: Diese Pflanze war auch unter der fälschlichen Bezeichnung *Chrysanthemum foeniculaceum* im Angebot. Die weißen bis weißlichrosafarbenen Gänseblümchenblüten schmücken die Pflanze über lange Zeit, und die Triebe hängen elegant über den Trogrand nach unten. Im gleichen Maße eignen sich zwei weitere Pflanzen mit ähnlicher Blütenform: *Brachyscome iberidifolia* (violett-blau) und *Chrysanthemum tenuiloba* (gelb). Die letztgenannte Sommerblume wurde auch als *Thymophylla tenuiloba* angeboten. Leider ist Samen von *Felicia bergeriana* selten zu bekommen, deren Blüte ebenfalls einem Wildgänseblümchen gleicht, aber in strahlendem Himmelblau. Größere Polster bildet der annuelle Knöterich, *Polygonum capitatum*. Man muß bei klei-

nen Flächen aber das Breitenwachstum berücksichtigen. Andererseits hängen diese Polster dekorativ über den Trogrand herunter, und was zu stark nach innen wächst, wird rigoros zurückgeschnitten.

Überall im Angebot ist das Portulakröschen, *Portulaca grandiflora*. Weniger die dick gefüllten Sorten passen in solche Kombinationen, aber die einfachblühenden sind zu akzeptieren, auch wenn die Blütenfarbtöne etwas stärker leuchten. Aus der Sukkulenten-Gesellschaft wäre noch *Sedum caeruleum* zu nennen (leider sehr schwer zu erhalten), aber das duftig-blau blühende Pflänzchen wirkt nirgendwo störend. Von den Kamillen paßt *Chrysanthemum parthenium* 'Santana' gut, sowohl von der Größe her als auch nach dem Aussehen; hier stört nicht einmal die Blütenfüllung.

Mit Vorsicht sind die einjährigen Mittagsblümchen, *Dorotheanthus bellidiformis*, zu verwenden. Sie passen zwar in jeder Beziehung an solche Plätze, aber die leuchtenden Blütenfarbtöne verhindern manchmal eine Kombination. Ähnlich verhält es sich mit den F_1-Hybriden der Chinenser-Nelken. Einzelfarben können oft noch geduldet werden, aber keinesfalls sollte man sie in Mischung verwenden. Der Husarenknopf, *Sanvitalia procumbens*, hängt auch schön über den Trogrand, aber wegen seines Breitenwachstums kommt er nur für größere Behälter in die engere Wahl.

Das Pflanzenmaterial

Erst derjenige, der sich eingehender mit der Troggärtnerei befaßt, erkennt, was es für unzählige Möglichkeiten gibt, Tröge zu gestalten. Nicht unerheblich ist daran das umfangreiche Pflanzenmaterial beteiligt. Kleine Pflanzen, die sich für solche Kombinationen eignen, gibt es sehr viele, und jährlich kommen neue aus Naturfunden, intensiver Züchtertätigkeit und einfach als Zufallssämlinge hinzu. Da das Sortiment – zumindest für den Anfänger – kaum überschaubar ist, heißt es nicht gleich lospflanzen, sondern erst sich informieren! Als Jungpflanzen sind viele Stauden klein und kompakt, das gilt in noch viel stärkerem Maße für Gehölze. Wer eine möglichst problemlose Dauerpflanzung haben möchte, benötigt *echte* Zwerge mit einem geringen jährlichen Zuwachs.

Die folgenden Aufstellungen sollen bei der Wahl weiterhelfen, erheben aber bei der vorhandenen Pflanzenfülle nicht den Anspruch auf Vollzähligkeit. Andererseits werden manche der folgenden Pflanzen für den vorgesehenen Verwendungszweck erstmalig genannt. Neben zahlreichen Pflanzen, die es in vielen Staudengärtnereien gibt, sind auch solche zu finden, die nur Alpenpflanzen-Gärtnereien anbieten. Es sind aber auch Pflanzen erwähnt, die man aus dem Ausland, besonders aus dem Ursprungsland der Troggärtnerei, aus Großbritannien, beziehen muß. Zwerggehölze führen viele Gartencenter und auch spezialisierte Baumschulen oder die schon erwähnten Alpenpflanzen-Gärtnereien. Zu beachten ist, daß nicht alle Pflanzen, die bei den Bepflanzungsbeispielen erwähnt wurden, hier noch einmal aufgeführt sind.

Steingartenstauden aus dem Standard-Sortiment

Insgesamt gesehen setzt diese Pflanzengruppe etwas größere Tröge und andere Behältnisse voraus, da manche dieser Pflanzen zwar sehr niedrig bleiben, aber dafür die Bezeichnung »Flächenriesen« verdienen. Das kann von Vorteil sein, da viele kaskadenartig über den Trogrand herabwachsen. Andererseits schließen sie aber auch schneller die Trogfläche. Hier muß dann die Schere eingreifen.

Aceaena, Stachelnüßchen. Echte Flächenriesen, deshalb nur dort verwenden, wo wirklich Platz zur Verfügung steht. Empfehlenswert sind *Acaena buchananii* mit bläulich-grünen Blattpolstern und die etwas kleinere Art *A. microphylla* mit olivbraunen Blättern. Wesentlich zierlicher als die Art und deshalb besonders wichtig ist *A. m.* 'Kupferteppich'.

Adonis vernalis, Adonisröschen. Obwohl nicht polsterbildend, muß diese kleine Wildstaude trotzdem erwähnt werden, da sie im Trog gut winterhart ist. Einziger Nachteil: Es sieht im Sommer eine Zeitlang unschön aus.

Alyssum, Steinrich, Steinkraut. *Alyssum saxatile* ist der bekannte gelbe Frühjahrsblüher. Die Sorten 'Citrinum' und 'Plenum' werden für die meisten Tröge zu groß, gedrungener wächst 'Compactum'.

Androsace, Mannsschild. In den Trog gehören nicht die hochalpinen europäischen Arten, sondern die leichter zu kultivierenden aus dem Himalaja wie *Androsace primuloides*. Für größere Behälter eignen sich auch die vielen Varianten von *A. sarmentosa*, die oft über den Trogrand herunterwachsen.

Antennaria, Katzenpfötchen. Die Blüten sind nicht sehr auffällig, aber aufgrund ihrer Anspruchslosigkeit und wegen der schönen Polster muß das Katzenpfötchen hier genannt werden. Verbreitet ist *Antennaria dioica*. Von ihr gibt es die rotblühende Sorte 'Rubra' und die englische Form 'Nyewood' mit andersgearteten Blättern. *A. d.* var. *borealis* ist kleiner als die Art.

Arabis, Gänsekresse. Bei allen Sorten von *Arabis caucasica* ('Schneehaube', 'Plena', 'Polarfuchs', 'Variegata') besteht die Gefahr, daß sie die Proportionen sprengen. Sie sind deshalb nur für größere Trogflächen zu empfehlen. *A. ferdinandi-coburgii* bildet zwar auch etwas größere Polster, eignet sich aber wegen des kompakten Blattpolsters viel besser. Die Pflanze liebt es nicht so brandheiß, wird also mehr nach hinten gesetzt oder in den Schlagschatten eines Zwerggehölzes. Von ihr gibt es die weiß panaschierte Sorte 'Variegata' und die gelb panaschierte 'Old Gold'. Einzelne Triebe, die in die grüne Art zurückschlagen, werden gegebenenfalls entfernt.

Armeria, Grasnelke. Da auch die verbreitete Art *Armeria maritima* nicht so breit wird, kann sie genannt werden. Die besten Kontraste ergeben 'Düsseldorfer Stolz' und 'Alba'.

Aster, Aster. Sowohl die Alpenaster, *Aster alpinus*, ist verwendbar, als auch die kleinsten Sorten von *A. dumosus* ('Herbstpurzel', 'Nesthäkchen'). Die leicht aus Samen zu ziehenden Sorten *A. alpinus* 'Happy End' und 'Trimix' (Farbmischung) können ebenfalls gepflanzt werden.

Astilbe, Prachtspiere. Selbstverständlich eignen sich nicht die bekannten hohen Sorten, sondern nur die *Astilbe*-Crispa-Hybriden 'Perkeo', 'Kobold' und 'Alba', die etwas mehr Sonne vertragen als die hohen Sorten.

Aubrieta, Blaukissen. Obwohl man für größere Tröge alle Sorten verwenden kann, sind die niedrigen Sorten wie 'Tauricola', 'Hamburger Stadtpark', vorzuziehen. Auf solch beschränktem Raum lassen sich auch die weiß und gelb panaschierten Sorten verwenden, die noch außerhalb der Blütezeit mit ihren Polstern schmücken. Leider werden sie nicht oft angeboten.

Campanula, Glockenblume. Zahlreiche Polsterglocken bieten sich an, allen voran

Dreieckiger Sandsteintrog mit verschiedenen Steingartenpflanzen.

Campanula portenschlagiana. Sofern erhältlich, sollte man die etwas kompaktere Sorte 'B. Prövis' vorziehen. Der Ausdehnungsdrang nach innen muß oftmals mit dem Messer gestoppt werden. Auch die Sorten von *C. poscharskyana* kommen in Frage, wobei besonders 'E. H. Frost' eine gute Figur macht. *C. carpatica* setzt schon etwas größere Behältnisse voraus. *C. c.* var. *turbinata* bleibt kompakter. Von gleichmäßigem Wuchs sind die samenvermehrbaren Sorten 'Blaue Clips' und 'Weiße Clips'.

Carlina acaulis, Silberdistel. Nur die aufsitzende, eigentliche Art hat in größeren Trögen ihre Berechtigung.

Cerastium, Hornkraut. *Cerastium tomentosa* var. *columnae* ist hübsch, aber wuchert. Man muß es mit einer Kunststoffmanschette daran hindern, das ganze Troginnere zu erobern.

Dianthus, Nelke. In diese Gruppe gehören die vielen Sorten der Pfingstnelke, *Dianthus gratianopolitanus* (syn. *D. caesius*), wobei man die kleineren vorzieht wie 'Carina', 'Compactus', 'La Bourbille', 'Pink Juwel', 'Pummelchen', 'Rubin' und andere. In größeren Trögen kann auch *D. × allwoodi* und *D. monspessulanus* gesetzt werden.

Erinus alpinus, Alpenbalsam. Wo es dem kleinen liebenswerten Gesellen gefällt, sät er sich selbst aus, aber ohne lästig zu werden.

Euphorbia myrsinites, Walzenwolfsmilch. Obwohl größer werdend, sieht die Pflanze an den Trogrändern dekorativ aus, wenn die bläulichgrau beblätterten, walzenartigen Triebe herabhängen.

Gentiana, Enzian. Leicht gedeiht *Gentiana septemfida* mit seinen Varietäten und Namenssorten. Alle weiteren Enziane benötigen etwas mehr Aufmerksamkeit. Unter den »Stengellosen Enzianen« sind die Arten *G. dinarica* und *G. angustifolia* neben einigen Namenssorten noch am gartenfreundlichsten.

Gypsophila, Schleierkraut. In diese Gruppe gehören die Sorten von *Gypsophila repens* wie 'Rosea', 'Rosa Schönheit', 'Letchworth'. Am Trogrand hängen die blütenbesetzten Polster kaskadenartig herunter.

Helianthemum, Sonnenröschen. Manche Sorten werden schon zu mächtig. Von den Hybriden bleiben unter anderen die Sorten 'Gelber Findling', 'Goldkitzel' und 'Sterntaler' niedrig. Hübsch ist auch *Helianthemum nummularium* 'Zonatus' mit gelben Blüten, deren Kronblätter einen roten Fleck an der Basis haben. Manche der zahlreichen weiteren Sorten sind winterempfindlich, besonders in den exponierten Trögen.

Iberis, Schleifenblume. *Iberis saxatile* muß als erste genannt werden. Von *I. sempervirens* kann von der Größe her die Sorte 'Zwergschneeflocke' Verwendung finden.

Inula, Alant. Von den zahlreichen Arten kann mit gutem Gewissen nur *Inula ensifolia* angeführt werden. Diese erscheint mir auch wegen der sommerlichen Blüte wertvoll. Wichtig sind besonders die Sorten 'Compacta' und die noch kleinere 'Goldammer'.

Iris, Schwertlilie. Es gibt unzählige *Iris*-Sorten, in den Trog gehören nur die kleinsten der MDB (Miniature Dwarf Bearded) aus der Barbata-Nana-Gruppe wie 'Bright White', 'April Ballet', 'Temno', 'French Wine', 'Lemon Puff', 'April Accent', 'Curio'. Nur bei einer größeren Fläche kann man auf die vielen Sorten der eigentlichen SDB (Standard Dwarf Bearded) zurückgreifen, die eine Höhe bis 25 cm erreichen.

Leontopodium, Edelweiß. Einige Namensorten, wie etwa 'Alpenstern' und ähnliche, können verwendet werden, auch *Leontopodium souliei* ist wüchsig und pflegeleicht, benötigt aber ein Minimum an Bodenfrische.

Phlox, Phlox. Von den vielen Sorten des Polsterphloxes kann man für Randpartien alle verwenden. Gut passen Sorten mit kleineren Blüten wie 'Ronsdorfer Schöne'. Bei allen muß öfter mit der Schere oder dem Messer eingegriffen werden, damit der Trog nicht zuwächst.

Potentilla, Fingerkraut. *Potentilla aurea* mit den Sorten 'Goldklumpen' und 'Rathboneana' und *P. a.* ssp. *chrysocraspeda* sind zu nennen. Von der letztgenannten gibt es auch eine niedrigere und kompaktere Sorte 'Aurantiaca'.

Saponaria, Seifenkraut. *Saponaria ocymoides* macht sehr große, duftige Polster, die über den Trogrand herunterwachsen, um dann am Boden weiterzukriechen. Bei kleineren Trögen kommen die Größenverhältnisse durcheinander, deshalb sollte diese Pflanze nur in größeren Behältern gepflanzt werden.

Saxifraga, Steinbrech. Der Moossteinbrech, zu dem die *Saxifraga*-Arendsii-Hybriden zählen, benötigt meist etwas mehr Feuchtigkeit, als der Trog bieten kann, auch werden sie zur Blütezeit teilweise etwas zu hoch. Verhältnismäßig im Rahmen bleiben in dieser Hinsicht die Sorten 'Triumph' und 'Ingeborg'. Verblüffend zäh ist die unter dem Namen *Saxifraga muscoides* 'Findling' angebotene Pflanze. Auch die vielen Krustigen Saxifragen können hier gepflanzt werden, obwohl sie vom gesamten Aussehen her besser in andere Kombinationen passen.

Sedum, Fetthenne. Aus dem großen Sortiment gehören in diese unempfindliche Gruppe Farbsorten von *Sedum spurium* wie 'Erdblut', 'Coccineum', 'Tricolor'. *S. kamtschaticum* gebärdet sich besonders in seiner panaschierten Form 'Variegata' nicht so raumgreifend. Im Herbst blüht das schöne *S. cauticola* (syn. *S. cauticolum*) und *S. c.* f. *lidakense*.

Sempervivum, Hauswurz. Die Pflanzen dieser Gattung gehören zwar zum Anspruchslosesten, was es gibt, aber um gegen die großpolsterigen Steingartenpflanzen bestehen zu können, nimmt man in diesen Verbund die großrosettigen, robusten Arten und Sorten auf. So die eigentliche *Sempervivum tectorum* und Sorten wie 'Atropurpureum', 'Atroviolaceum', 'Robustum', 'Monstrosum', 'Athen', 'Plump Rose', 'Magnificum' und andere.

Silene, Leimkraut. *Silene alpestris* behauptet sich bei der starken Konkurrenz, wobei die gefülltblühende 'Pleniflorum' besonders hübsch aussieht. Im Spätsommer ist die Blüte von *S. schafta* wichtig.

Thymus, Thymian. Die Sorten von *Thymus serpyllum* können wegen ihrer Blüte hier genannt werden, obwohl sie als Kombinationspflanze für trockene Standorte auch in anderen Verbund gehören. 'Albus', 'Coccineum' und weitere sind wichtig.

Veronica, Ehrenpreis, ist wichtig als Träger der selteneren blauen Blütenfarbe. Schön wegen der silbrigen Blattfarbe, aber auch schmückend durch die Blüten, verdient *Veronica spicata* ssp. *incana* Aufmerksamkeit, wobei 'Candidissima' kompakter bleibt. Echte Polsterbildner sind *V. prostrata* mit ihren vielen Farbsorten wie 'Alba', 'Mrs. Holt', 'Rosea', 'Royal Blue', 'Spode Blue' und 'Silver Queen'.

Wulfenia, Wulfenie. Da *Wulfenia carinthiaca* nicht überall zufriedenstellend gedeiht, greift man auf die wüchsige *W.* × *suendermannii* zurück.

Nochmals will ich darauf hinweisen, daß es sich bei den genannten Pflanzen um wichtige Steingartenpflanzen handelt, die etwas größere mobile Gärten voraussetzen. Bedingt durch Größe und Wüchsigkeit muß solch eine Pflanzenkombination nach zwei bis drei Jahren umgepflanzt werden. Besonders wichtig ist diese Gruppe für den Anfänger. Auch im öffentlichen Grün ist diese Pflanzenzusammenstellung angebracht, da im städtischen Bereich oft Pflanzbehälter mit Gehölzen stehen, die öfter nach einer Ergänzung durch Polsterstauden verlangen. Die genannten Pflanzen dürften bis auf wenige Ausnahmen überall in Staudengärtnereien, Gartencentern und bei anderen Anbietern zu erhalten sein. Der eingefleischte Troggärtner wird diesen Abschnitt überschlagen.

Bessere Alpine

Ab einem gewissen Zeitpunkt wird auch der Anfänger kritischer und wendet sich vom normalen Steingarten-Sortiment ab, das schließlich an vielen anderen Stellen im Garten seinen Platz finden kann. Der

Geübte wird sich den etwas weniger auffälligen Pflanzen zuwenden. Das Auge wird geschärft, man bekommt einen Blick für stillere Schönheiten und zieht eine naturnahe Gestaltung einer farbenprächtigen Bepflanzung vor. Das zur Verfügung stehende Sortiment ist auf diesem Sektor noch viel größer als beim allgemeinen Steingarten-Sortiment – und das Angebot steigt weiter. Viele Pflanzen dieses Sortiments erhält man nicht in jeder Staudengärtnerei, sondern es wird von spezialisierten Betrieben, unter anderem den reinen Alpinengärtnereien angeboten. Gewiß, ein Teil der Pflanzen, die hier genannt werden, sind ausgesprochene Raritäten, nach denen man oft suchen muß – auch in Listen aus Großbritannien. Andererseits wird sich immer ein ähnlicher, leichter zu beschaffender Ersatz finden. Der Pflanzenreichtum auf diesem Sektor ist ungeheuer umfangreich, deshalb erhebt auch die folgende Liste keinen Anspruch auf Vollständigkeit. Die mit einem Stern versehenen Pflanzen ziehen einen mehr halbschattigen oder absonnigen Platz vor oder benötigen so einen Standort zum guten Gedeihen.

Acantholimon. Echte Sonnenkinder sind die Igelpolster. Man muß sich umsehen, denn viele Gärtnereien führen nur *Acantholimon glumaceum*, das aber durchaus brauchbar ist. Die anderen Ar-

Igelpolster brauchen viel Sonne. *Acantholimon glumaceum* erhält man auch bei hiesigen Gärtnereien.

ten sind allerdings heikler, nässeempfindlicher, aber vielfach attraktiver und blühen schöner. Die Polster bekommen oft einen ziemlich großen Durchmesser. An den Trogrand gesetzt, zieht sich ihr Ausbreitungsdrang aber meist den Trogrand hinab. Bewährt für solche Plätze haben sich noch *A. albanicum, A. graminifolium* und *A. olivieri*.

Achillea. Die kleinen Zwergschafgarben schmücken teilweise durch ihre schönen Blattpolster, die oft silbergrau gefärbt sind, aber auch durch die weißen Blüten. Ein echter Zwerg ist *Achillea × kolbiana*. Niedrig, aber etwas mehr in die Breite wächst *A. × lewisii*. Zu den kleinsten Schafgarben zählt *A. nana*, oft nur 5 cm hoch, mit hübschen graugrünen, gefiederten und aromatisch duftenden Blättchen. Die schmutzigweißen Blütchen sind weniger wichtig. Etwas höher wird *A. × kellereri* (etwa 15 cm), die aber wegen der schmalen silbergrauen Blättchen uneingeschränkt zu empfehlen ist. Hierher gehört auch *A. umbellata* mit weißen Strahlenblüten und 5 bis 15 cm Höhe. Sie bildet etwas breitere Polster, hat sich aber gut bewährt.

Aethionema. Von den Steintäschel werden die hübschen Hybriden 'Warley Rose' und 'Warley Ruber' für kleine Tröge schon etwas groß. Einen Versuch wert sind die nur 5 bis 8 cm hohen *Aethionema schistosum* und *A. stylosum*. Ganz anders verhält es sich mit der flachen *A. oppositifolia*, die sich gut eignet, aber ein Kalkflieher ist.

Alyssum. Die hübsche *Alyssum montanum* und deren Auslesen sind nur bei größeren Flächen brauchbar; das gilt auch für die ähnliche *A. moellendorfianum*. Ein echter Zwerg vom bekannten Steinrich ist *A. saxatile* 'Nanum', aber leider selten zu erhalten und nässeempfindlicher als die Art. Echte Trogzwerge, die attraktiv über den Rand herunterwachsen, sind *A. alpestre* und *A. serpyllifolium*. *A. wulfenianum* liebt Kalksteinschutt und fühlt sich in solchen Trögen wohl. Sie wächst etwas höher mit 20 cm hohen Sprossen.

Androsace. Die Mannsschild-Arten sind in der Troggärtnerei sehr zahlreich vertreten, es befinden sich darunter wahre Edelsteine. Ehe man sich den verschiedenen europäischen hochalpinen Arten zuwendet, die nicht immer ganz einfach zu kultivieren sind, sollte man sich über die jeweiligen spezifischen Ansprüche informieren. Die folgenden Arten eignen sich für naturnahe Tröge: *Androsace carnea* ssp. *brigantiaca, A. c.* ssp. *laggeri, A. chamaejasme, A. foliosa, A. lactea, A. muscoidea, A. pyrenaica, A. villosa* und ihre Varietäten *A. v.* var. *arachnoidea* und *A. v.* var. *jacquemontii* und *A. wulfeniana.* Darüber hinaus kann die Wahl auf weitere Arten aus dem Sortiment fallen.

Anthyllis. Der Wundklee steuert eine hübsche Pflanze bei, die am Trogrand dekorativ überhängt: *Anthyllis hermanniae* 'Minor'.

Aquilegia. Akeleien gibt es in jeder Größe, so auch Miniaturen für den Trog. Einen Versuch wert sind *Aquilegia bertolonii, A. discolor* sowie *A. flabellata* var. *pumila.*

Arabis. Auch die Gänsekresse hat neben den wüchsigen Polsterstauden einige zwergige Vertreter für unsere Zwecke. *Arabis ferdinandi-coburgii* mit ihren beiden panaschierten Farbvarianten wurde schon bei der vorhergegangenen Gruppe (Seite 73) genannt, sie haben aber genauso hier bei den Alpinen ihre Berechtigung. Weiter wären zu nennen: *A. androsacea, A. bryoides, A. halleri, A. minima, A. pumila, A. scopoliana, A. vochinensis.* Nicht alle diese Arten zeigen sich sehr blütenreich, was aber kein Hinderungsgrund sein sollte, sie zu verwenden.

Arenaria. Die Sandkräuter sollte man nicht zu gering achten, es gibt unter ihnen viele hübsche Pflanzen für den Trog: *Arenaria gracilis, A. ledebouriana, A. montana* 'Grandiflora', *A.* × *purpurascens, A. rigida, A. tmolea.* Einige meiner Lieblinge sind *A. tetraquetra* mit nur 3 cm Höhe, noch kleiner bleibt *A. t.* var. *granatensis* (syn. *A. nevadensis* hort.).

Armeria. Unter den Grasnelken ist *Armeria juniperifolia* wie geschaffen für

Tröge. Dazu kommen die weiße 'Alba' und die hübsche 'Bevans Var.'. Aus England stammen die Zwerge 'Rose Form' und 'Spiny Dwarf Form'. *A.* × *suendermanii* ist etwas wüchsiger.

Artemisia. Die Empfehlung beschränkt sich auf *Artemisia umbelliformis* (syn. *A. laxa*). Andere zwergige Arten der Gattung sind meist zu nässeempfindlich.

Asperula. Der deutsche Name »Meister« hat sich für diese Pflanzen noch nicht richtig eingebürgert, was kein Hinderungsgrund sein sollte, diese zu verwenden. Einige wichtige Arten sollen genannt werden: *Aserpula arcadiensis* (Regenschutz erforderlich!), *A. lilaciflora* 'Caespitosa', *A. nitida, A. aristata* ssp. *thessala, A. gussonii.*

Aster. Die Farbvarianten von *Aster alpinus* gehören mehr in die Gruppe der Steingartenpflanzen, aber *A. andersonii* paßt hierher – sie ist allerdings nicht besonders reichblühend –, außerdem *A. natalense* aus Südafrika, deren Winterhärte ausreicht.

Astragalus. Die meisten Tragant-Arten werden für Tröge zu groß und zum Teil zu hoch. Für größere Flächen eignet sich noch *Astragalus angustifolius,* dessen stachelige Kissen über den Trogrand wachsen, und auch *A. monspessulanus.*

Asperula arcadiensis ist eine der Pflanzen für das etwas andere Steingarten-Sortiment. Die Pflanze braucht Regenschutz.

Aubrieta. Die Blaukissen wurden schon bei den Steingartenpflanzen genannt. Hier muß noch einmal auf die panaschierten Formen hingewiesen werden. *Aubrieta deltoidea* 'Nana Variegata' und 'Golden Variegated'.

Callianthemum. Die kleinen Korbblütler aus den Alpen kommen im Trog besser zur Geltung als anderswo. *Callianthemum anemonoides* und *C. coriandrifolium* bieten sich an.

Campanula. Die Glockenblumen bieten eine besonders umfangreiche Auswahl. Außer den bei den Steingartenpflanzen genannten Arten stehen zwei Wucherer an erster Stelle, die aber so hübsch sind, daß man ihren Ausdehnungsdrang in vielen Fällen akzeptiert. So empfiehlt sich *Campanula cochleariifolia* mit den verschiedenen Farbvarianten sowie der gefüllten Form 'Warleyense' und der ähnlichen 'Elisabeth Oliver'. Etwas weniger aggressiv verhält sich *C. dasyantha*, sie mag aber keinen Kalk. Die Zwergform der Pfirsichblätterigen Glockenblume, *C. persicifolia* f. *nitida*, und ihre weiße Farbvariante gehören hierher. Nur wenige weitere können hier genannt werden: *C. aucheri, C. fenestrellata, C. × hallii, C. pulla, C. × pulloides, C. tommasiniana, C. tridentata, C. waldsteiniana.* Nur der Spezialist sollte es auch mit den heiklen Zwergen *C. cenisia, C. excisa, C. morettiana* und *C. zoysii* versuchen. Eine hübsche Glockenblume mit gelben Blättern ist *C. garganica* 'Dicksons Gold'.

Chrysanthemum. Von den Margeriten kann eigentlich nur *Chrysanthemum weyrichii* genannt werden, und diese wächst schon überall dort in die Breite, wo es ihr gefällt. *C. alpinum* wird für die meisten Troggärten schon zu groß.

Codonopsis. Die meisten Tigerglocken ranken. Wo entsprechende Partner zur Rankhilfe vorhanden sind, können sie verwendet werden. Die nicht rankende, aber kleinere *Codonopsis ovata* (25 cm) kann im Trog ihren Platz finden. *C. clematidea* wird schon zu groß, und rankende Arten können am Rand herabhängen.

Dianthus. Nelken gehören zu den erstrangigen Pflanzen für den Trog. Das Sortiment beinhaltet genügend Material zur Auswahl. Nelken sind gerade in Trögen besonders hitzeresistent. Ein weiterer Pluspunkt sind die Polster, die in vielen Fällen auch außerhalb der Blütezeit attraktiv aussehen. Im Zusammenhang mit den Alpinen müssen noch einmal alle kleinpolsterigen Sorten aus dem *Dianthus gratianopolitanus*-Komplex genannt werden, auf die schon beim normalen Steingarten-Sortiment hingewiesen wurde. Darüber hinaus bieten sich die folgenden Arten an, wobei das genannte Sortiment keinesfalls vollständig ist: *D. alpinus, D. arenarius, D. callizonus, D. campestris, D. webbianus, D. freynii, D. furcatus* 'Lereschei', *D. glacialis, D. microlepis, D. m.* var. *musalae, D. myrtinervius, D. pavonius, D. petraeus* ssp. *noeanus, D. pindicola, D. seguieri* ssp. *glaber* 'Dwarf Form', *D. simulans, D. subacaulis* 'Rosa Zwerg'.

Draba. Es gibt kaum eine Hungerblümchen-Art, die nicht auch im Trog ihren Platz finden würde. Ihre Attraktivität variiert allerdings stark. Empfohlen werden können *Draba aizoides, D. bruniifolia, D. haynaldii, D. lasiocarpa, D. polytricha.* Zu den Sternen gehören *D. molissima* sowie *D. rigida* var. *imbricata* (syn. *D. bryoides* var. *imbricata*). Zwar wüchsig, aber schön ist auch *D. × suendermannii.*

Dryas. Auf keinen Fall sollte man *Dryas × suendermannii* für diesen Zweck pflanzen, allerdings gibt es innerhalb der Gattung auch Zwerge wie *D. octopetala* 'Minor', *D. o.* var. *integrifolia* oder *D. tenella.*

Edraianthus. Büschelglocken sprengen kaum die Proportionen. Für größere Tröge ist *Edraianthus dinaricus, E. graminifolius* und *E. tenuifolius* besonders zu empfehlen, für kleinere die hübsche *E. pumilio*, aber auch *E. serpyllifolius* und ihre weißblühende Variante.

Erinus. Es gibt kaum eine Pflanzen-Kombination, in der *Erinus alpinus*, der Alpenbalsam, stört. Die rosafarben und die weißblühende Form säen sich zwar selbst aus, werden aber kaum lästig. Intensiver im Farbton ist die Sorte 'Dr. Hähnle'.

Erigeron. Bei den Feinstrahlastern gibt es nur wenige, die wirklich niedrig bleiben. Eventuell kann man *Erigeron radicatus* und *E. compositus* verwenden.

Erysimum. Der Schöterich *Erysimum kotschyanum* ist gut zu gebrauchen.

Erodium. Besonders *Erodium reichardii* und seine Formen 'Roseum' und 'Plenum' bilden hübsche Pölsterchen. Leider genügt ihre Winterhärte in rauhen Gegenden oft nicht. Auch *E. corsicum* sieht schön aus, bekommt aber besser einen Platz im Alpinenhaus.

Gentiana. Der Enzianliebhaber muß sich bei manchen seiner Lieblinge etwas bemühen, besonders bei der Acaulis-Gruppe. *Gentiana dinarica* und *G. angustifolia* gedeihen im Trog meist noch gut, etwas mehr Aufmerksamkeit benötigen *G. clusii* und *G. acaulis*. Nur Könner sollten es mit *G. verna* (einschließlich *G. v.* var. *angulosa* und *G. v.* var. *oschtenica*) und *G. bavarica* versuchen. *G. septemfida* und Formen wurden schon bei den allgemeinen Steingartenpflanzen genannt. Darüber hinaus eignen sich für Tröge: *G. algida, G. bellidifolia, G. farreri, G. gelida, G.* × *hascombensis, G. newberry, G. pumila, G. saxosa*. Bei einiger Aufmerksamkeit sind auch die vielen Hybriden vom Chinesischen Herbstenzian zu halten. Bei allen ist die geforderte Bodenreaktion und -struktur zu berücksichtigen.

Geranium. Nur wenige Storchschnabel lassen sich verwenden. *Geranium dalmaticum* und seine Sorte 'Album' sind hübsch und wachsen am Trogrand herab, zum Troginnern zu muß man aber manchmal mit der Schere Einhalt gebieten. Weiter ist *G. argenteum* und *G. cinereum* zu nennen. Ein echter Zwerg aus Neuseeland ist *G. sessiliflorum* var. *nigricans* mit braunen Blättchen. Die Pflanze sät sich manchmal selbst aus.

Globularia. Die Kugelblumen sind reizende Pflanzen, leider spielt ihre Winterhärte im Trog nicht immer mit, das gilt besonders für *Globularia cordifolia* und ihre Farbvarianten 'Alba' und 'Rosea'. Eine exzellente Trogpflanze ist die ganz niedrige *G. repens*. Weitere Arten könnte man ausprobieren.

Gypsophila. Natürlich muß man bei den Schleierkräutern eine strenge Auswahl treffen, damit das Gleichgewicht gewahrt bleibt. *Gypsophila repens* und Sorten wurden schon genannt (Seite 74), sie haben aber auch in dieser Gruppe ihre Berechtigung. Weiter seien erwähnt: *G. buquantica* 'Dwarf Form', *G. tenuifolia* und *G. cerastioides*. Eine interessante Pflanze, die in Kultur kaum blüht, aber schöne feste Polster bildet, ist *G. aretioides* und ihre Sorte 'Caucasica'.

Helianthemum. Während bei den Steingartenpflanzen vorwiegend die Hybriden genannt wurden, gehören zu den Alpinen die etwas weniger auffälligen Arten, obwohl auch ihre Blüten nicht zu verachten sind: *Helianthemum grandiflorum* 'Schatzalpe', *H. lunulatum, H. oelandicum* ssp. *alpestre, H. oe.* ssp. *oelandicum, H. oe.* ssp. *oe.* 'Serpyllifolium', *H. scardica*.

Helichrysum. Aus der Strohblumen-Verwandtschaft verdient unbedingt das reizende *Helichrysum milfordiae* Erwähnung, dessen Polster auch ohne Blüte schon schmücken. Als nässeempfindlich erweisen sich *H. frigidum* und *H. sibthropii*, beide Arten sind nur für erfahrene Pfleger zu empfehlen.

Iberis. Die echten Zwerge bei den Schleifenblumen heißen *Iberis sempervirens* 'Little Queen' und 'Weißer Zwerg', *I. candolleana* und *I. pygmaea*.

Incarvillea. Freilandgloxinien sind hübsch, aber nur für sehr milde Lagen zu empfehlen (Sorten: 'Bees Pink', 'Frank Ludlow' und 'Nyoto Sama'). In meinem Garten erfrieren sie regelmäßig in den Trögen.

Iris. Die kleinen Sorten der Bartiris wurden zu den Steingartenpflanzen gestellt, sie wirken in naturnahen Pflanzungen meist etwas zu gartenhaft. Im Trog sollten die tatsächlich zwergigen Arten die

Kleinwüchsige Iris gehören in den Alpinentrog, hier *Iris suaveolens*.

Linum capitatum bildet ein pflanzliches Juwel. Die immergrünen Blattbüschel brauchen aber Schutz vor Wintersonne.

erste Geige spielen. Man wird kaum einen Trog nur mit kleinen Schwertlilien bepflanzen, dazu ist die Blütezeit zu kurz, andererseits hebt ein blühender Iristrupp das gesamte Aussehen, und man sollte nicht darauf verzichten. Zum Alpinentrog gehören die verschiedenfarbigen Standortvarietäten der echten *Iris pumila, I. p.* ssp. *attica*. Auch *I. suaveolens* (syn. *I. mellita*) und ihre Varietät *I. suaveolens* ssp. *rubromarginata* gehören hierher, ebenso wie die nässeempfindlich Sandiris, *I. humilis* (syn. *I. arenaria*), für größere Behälter *I. lutescens* (syn. *I. chamaeiris*), *I. furcata, I. reichenbachii* und noch weitere der Bartiris-Zwerge. Auch bei den bartlosen Schwertlilien gibt es Zwerge, so *I. setosa* 'Dwarf Form'. Mehr in halbschattige Troglagen gehören die Zwerge *I. lacustris* (die kleinste Iris überhaupt) und *I. cristata* inklusive ihrer Albinoform 'Alba'.

Jovibarba. Alle Arten können verwendet werden. Wenn *Jovibarba allionii, J. arenaria, J. hirta* und *J. sobolifera* sich zu weit ausdehnen, macht es keine Mühe, sie zu reduzieren. Wahre Juwelen sind die Varietäten, Standortformen und Namenssorten von *J. heuffelii*. Besonders Interessierte finden eine umfangreiche Aufstellung im Buch des Autors »Kleine Pflanzen für kleine Gärten«.

Leontopodium. Die Edelweiß-Arten wurden schon in der Steingartengruppe genannt, gehören aber in noch stärkerem

Maße hierher. Für kleine Flächen kann eigentlich nur *Leontopodium alpinum* ssp. *nivale* genannt werden, auch *L. a.* ssp. *apennina* sprengt nicht die Proportionen. Im Mittelfeld bewegt sich *L. souliei* 'Mignon'. Etwas größere Trogflächen benötigen *L. camtschatcense, L. himalayanum, L. palibinianum, L. souliei, L. stracheyi*.

Lewisia. Was die Bitterwurz-Arten betrifft, so muß man lange Zeit mit diesen Zwergen »zusammengelebt« haben, um ihren wirklichen Wert als Trogpflanze zu erkennen. Die weit verbreiteten Hybriden von *Lewisia cotyledon* (wie beispielsweise 'Sunset Strain') sind hübsch und durchaus für Tröge geeignet, wenn sie nicht prallsonnig gepflanzt werden. In den allermeisten Gärten aber sind sie an solchen Plätzen nicht besonders dauerhaft, man muß hin und wieder für Nachschub sorgen. Ausdauer versprechen dagegen *L. columbiana* und ihre Varietäten *L. c.* var. *rupicola* und *L. c.* var. *wallowensis*. Diese Dauerhaftigkeit wurde auch an die Hybride 'Pinkie' weitervererbt und an die in neuerer Zeit verbreitete Kreuzung *L. cotyledon* × *L. columbiana*. Der Stern unter den Lewisien-Arten ist zweifellos *L. tweedyi*. Da sie, besonders im Frühling, etwas mehr Feuchtigkeit verträgt, mag sie durchaus im Trog einen Versuch wert sein. *L. pygmaea, L. heckneri* (syn. *L. cotyledon* var. *heckneri*) und *L. redi-*

viva sind weitere Kandidaten. Weniger ratsam ist es, die einziehenden *L. nevadense* und *L. brachycalyx* zu verwenden.

Linaria alpina. Der Alpenlein bildet als Schuttsiedler manchmal ganz ansehnliche Polster, doch hängt die Pflanze im Trog locker über die Seiten herunter und paßt somit in die Auswahl.

Linum. Beim Lein ist die Auswahl nicht sehr groß, zu leicht werden die Größenverhältnisse überschritten. Ein Juwel ist *Linum capitatum*. Die immergrünen Blattbüschel müssen allerdings vor Wintersonne geschützt werden. In milderen Gegenden kann man *Linum suffruticosum* ssp. *salsoides* verwenden. Auch *L. perenne* ssp. *alpinum* hält sich noch in Grenzen.

Lotus. Der Hornklee bildet ziemlich breite Polster, doch paßt die gefülltblühende Form *Lotus corniculatus* 'Plena' in Randbereichen größerer Tröge, wo die Polster herunterhängen.

Micromeria. Die meisten Micromerien werden zu groß, lediglich die im Handel unter der Bezeichnung *Micromeria corsica* angebotene Art fügt sich noch ein. Für *M. croatica* und *M. microphylla* sollten die Tröge schon etwas größer sein.

Minuartia. Manche Mieren werden etwas breiter, wie *Minuartia graminifolia* und *M. laricifolia*. Sie sind aber alle unempfindlich und können in manche Ecke kommen. Kompakter bleibt *M. subnivalis*. Auch *M. stellata* ist eine gute Trogpflanze.

Moltkia ist eigentlich ein Zwerggehölz, die Pflanze wird aber meist zu den Stauden gestellt. So schön die blaublühenden Moltkien sind, ihre Widerstandsfähigkeit gegenüber Frost und Wintersonne reicht für den Trog oft nicht aus. Zumindest in Ostbayern sind *Moltkia* × *intermedia* und *M. petraea* nicht zu halten.

Onosma. Die Lotwurz-Arten können besonders in Randpartien verwendet werden, aber auch ihnen fehlt für den Trog oft die ausreichende Härte.

Opuntia. Die Freilandopuntien wurden schon näher im Abschnitt »Der Sukkulentrog« behandelt (siehe Seite 42).

Orostachys. Die Sternwurz-Art *Orostachys spinosus* ist besonders widerstandsfähig.

Penstemon. Die Bartfaden-Arten sind für die Troggärtnerei nicht leicht zu durchschauen, man benötigt längere Zeit, bis sich die Spreu vom Weizen trennt. *Penstemon caespitosus* eignet sich besonders für Eckplätze, wenn die türkisblauen Blütentriebe auch ein wenig höher herausragen. *P. hirsutus* 'Pygmaeus' ist ein kleiner liebenswerter Geselle, der sich an Plätzen, die ihm zusagen, auch hin und wieder selbst aussät. *P. menziesii* 'Microphyllus' gehört an den Rand, wo die Pflanze hübsch herunterhängt. *P. pulchellus* macht mit, aber wuchert etwas. Bleibt noch, auf *P. rupicola* 'Humilior' hinzuweisen (syn. *P. roezelii* hort.).

Phlox. Die meisten Polsterphlox-Arten gehören in die Steingartengruppe. Von den Züchtungen eignet sich besonders die englische Sorte 'J. A. Hibbersen'. Bei den Arten kommen besonders *Phlox caespitosa* (sehr klein), *P. hoodii* und *P. kelseyi* 'Rosette' in Frage. Die letztgenannte ist in Trögen nicht überall winterhart. Weiter wird für Trogecken *P. brittonia* 'Rosea' empfohlen.

Physoplexis. Die echte Dolomiten-Teufelskralle ist selbst im Trog ein Stern, doch benötigt sie auch hier einen möglichst absonnigen Stand in Steinspalten, etwa im Schlagschatten von Gehölzen.

Plantago. Die meist als Unkraut gefürchteten Wegerich-Arten haben mit *Plantago nivalis* auch einen Vertreter für den Trog hervorgebracht, dessen sternige, weißfilzige Blattrosetten zieren.

Polemonium. Die Arktische Himmelsleiter, *P. boreale*, ist akzeptabel.

Polygala. Auch die Kreuzblumen eignen sich für Tröge, besonders *Polygala calcarea* 'Lillet', aber auch *P. chamaebuxus*, *P. c.* 'Grandiflora' und *P. vayredae*.

Potentilla. Viele Fingerkräuter breiten sich zu sehr aus. Auch das Dolomiten-Fingerkraut wird etwas größer, wo es ihm gefällt, andererseits möchte man nicht darauf verzichten – genau so wenig wie auf *Potentilla neumanniana* 'Nana'

hen sie dort sehr spärlich, lediglich die Auslese *Silene acaulis* 'Floribunda' macht hier eine Ausnahme. Versuchen kann man noch die Sorten 'Alba' und 'Plena'. *S. alpestris* entwickelt zwar oft etwas größere Polster, wirkt aber hübsch, wenn sie am Trogrand herunterhängt. Länger blüht die gefüllte *S. alpestris* 'Plena'.

Solidago. Keinesfalls dürfen hohe Goldruten verwendet werden, sondern der ausgesprochene Zwerg, *Solidago* 'Minutissima', allerdings hatte ich schon Frostschaden zu verzeichnen.

Succisa. Die als Zwergskabiose oder Teufelsabbiß bezeichnete *Succisa pratensis* 'Dwarf Form' läßt sich gut einfügen, auch wenn sie sich manchmal selbst aussät.

Teucrium. Die niederen Gamander-Arten *Teucrium musimonum* und *T. pyrenaicum* sind brauchbar, da genügend winterhart.

Thalictrum. Das aus Japan stammende *Thalictrum kiusianum* ist ein kleiner Edelstein und für sonnige und schattige Plätze zu verwenden.

Thlaspi. Das Täschelkraut steuert auch einige Arten für den Trog bei, besonders *Thlaspi montanum* und *T. stylosum* müssen genannt werden.

Thymus. Der Thymian ist besonders an warmen, trockenen Plätzen sehr wichtig, wobei allerdings immer sein Ausbreitungsdrang berücksichtigt werden muß. Selbst *Thymus serpyllum* 'Minor', welcher sehr niedrig bleibt, wächst stark in die Breite. Lediglich *T. s.* 'Elfin' ist ein echter Zwerg und für kleinste Flächen geeignet.

Townsendia. Die kleinen Felsenmargeriten sind so richtig für die Nahbetrachtung im Trog geschaffen, wo sie auch zwischen Steinspalten stehen wollen, es kommen immer mehr Arten in Kultur: *Townsendia excapa* (syn. *T. wilcoxiana*), *T. formosa, T. grandiflora, T. parryi, T. rothrockii.*

Trachelium. Diese nahe mit den Glockenblumen verwandte Gattung ist wichtig, besonders wegen der späten Blütezeit. *Trachelium jacquinii* ssp. *rumelianum* (syn. *T. rumelianum*) will zwischen

Kalksteinbrocken am Trogrand stehen, wo es herunterhängen kann.

Valeriana. Die kleinen Baldrian-Arten sind keine auffallenden Schönheiten, aber doch brauchbar: *Valeriana supina, V. × suendermannii, V. celtica.*

Veronica. Die kleinen Ehrenpreis-Arten bieten auch für den Alpinentrog genügend Auswahl. Die Silberblattveronika ist für die meisten Tröge zu wüchsig, aber wo es die Verhältnisse zulassen, sollte man auf *Veronica spicata* ssp. *incana* 'Candidissima' nicht verzichten. Schön sind *V. armena* und die Sorte 'Rosea'. Weitere sind *V. saturejoides* 'Kellereri', *V. caespitosa, V. minuta, V. schmidtiana* 'Nana', *V. prostrata* 'Nana', *V. liwanensis, V. telephifolia.*

Verbascum. In größeren Trögen kann die kugelig wachsende *Verbascum* 'Letitia' gepflanzt werden.

Vitaliana. Die Goldprimel, die lange Zeit als *Douglasia* bekannt war, steuert hübsche Zwerge der Troggärtnerei bei: *Vitaliana primuliflora* ssp. *praetutiana, V. p.* ssp. *cinerea, V. p.* 'Tridentata' und 'Gaudinii'.

Problem Zwiebelpflanzen

Für denjenigen, der sich mit dieser Materie nicht näher befaßt hat, wird es schwer verständlich sein, daß diese Pflanzen Schwierigkeiten bereiten können, wo doch so viele Kleinstauden und Zwerggehölze problemlos in Trögen wachsen. Der Grund, warum viele Zwiebelpflanzen den Winter nicht überstehen, dürfte nicht die Temperatur sein, sondern der ständige Wechsel von Gefrieren und Auftauen. Hier muß auch gleich darauf hingewiesen werden, daß die winterlichen Bedingungen in Mitteleuropa sehr unterschiedlich sind. Schlechte Erfahrungen mit kleinen Zwiebelgewächsen wurden in Oberfranken und Oberbayern gemacht. Die Bedingungen mögen im Westen wesentlich günstiger sein, aber die Grundtendenz bleibt: Zwiebelgewächse sind in Trögen oder trogähnlichen Behältnissen schwieriger zu halten. Echte Dauergäste sind nicht sehr zahlreich.

Es wurde schon auf die klimatische Wechselwirkung hingewiesen, aber das Wesentliche wollen wir uns noch einmal in Erinnerung rufen. Der Frost wirkt im freien Land nur von einer Seite ein – von oben, im Trog mindestens von drei Seiten, weil der Frost ebenso über die Trogwände einwirkt. Manchmal dringt Frost sogar von vier Seiten ein, wenn ein Behälter mit Steinen unterlegt ist, so daß die Kälte auch von unten einwirken kann. Die oberste Erdschicht bildet im Garten eine mäßigende und ausgleichende Pufferzone gegenüber Temperaturschwankungen. Dies ist in gleichem Maße im Trog nicht der Fall. Um den häufigen Wechsel zwischen Auftauen und Gefrieren da zu mildern, kann man folgende Vorsorge treffen: Der Trog sollte möglichst nicht auf einer Steinunterlage stehen, sondern direkt auf der Erde, besonders wenn es sich dabei um gewachsene Erde handelt und nicht um eine Steinfläche. Man muß beim Aufstellen lediglich darauf achten, daß an der Stelle des Dränageloches das Überschußwasser auch in tiefere Bodenschichten abfließen kann. Des weiteren wurde schon auf die Innenauskleidung mit Styroporplatten hingewiesen (1,5 bis 2 cm dick). Diese Maßnahmen kann das Gefrieren des Troginhaltes nicht völlig verhindern, sondern nur verzögern und mildern. Die eigenen Erfahrungen sind damit sehr positiv. Das Gefrieren von unten her wird auch wesentlich abgeschwächt, wenn als Dränagematerial grobe Styromullflocken verwendet werden. Das ist besonders wichtig, wenn der Trog auf Stein oder Beton steht, also beispielsweise am Terrassenrand. Wichtig ist auch das Material des Pflanzbehälters. So erübrigt sich beispielsweise das Anbringen von Styroporplatten an der Innenseite, wenn es sich um einen Trog aus Polyurethan-Schaum handelt. Holztröge sind in dieser Hinsicht von Vorteil. Stein und Kunststein sind jedoch gute Wärme- und Kälteleiter, und die Zwiebelpflanzen sind deshalb in Be-

hältern aus solchen Materialien besonders gefährdet.

Ein wesentlicher Gesichtspunkt bei der Verwendung von Zwiebelpflanzen ist auch der Durchmesser der Pflanzfläche. Wenn hier wesentliche Einschränkungen bei der Verwendung dieser Pflanzen gemacht werden, so bezieht sich das auf kleine bis mittelgroße Tröge etwa bis 50 cm Durchmesser, wobei selbstverständlich auch schon in diesem Größenbereich Unterschiede bestehen. Mit jedem Dezimeter steigt die Möglichkeit, diese kleinen »Schönheitsbomben« zu verwenden, wie sie Altmeister Karl Foerster einmal nannte. Bei größeren Behältern mit über einem Meter Durchmesser gibt es zumindest im Zentralbereich keinerlei Einschränkungen, dort lassen sich praktisch alle im freien Land winterharten Zwiebelblumen und Knollenpflanzen verwenden. Eine Möglichkeit, diese Pflanzen verstärkt in Trögen zu verwenden, bietet die Topfkultur in Frühbeeten. Erst kurz vor der Blüte werden die Jungpflanzen ausgetopft und in die Behälter gepflanzt. Nach dem Abblühen wird wieder eingetopft, dadurch verlagert man auch die unschöne Zeit, in der die Pflanzen einziehen, aus den Trog her-

Verbascum 'Laetitia' **sollte man nur in größeren Trögen verwenden. Sie entwickelt sich zu einem kugeligen Busch.**

aus. Eine Variante davon ist die Kultur in Gittertöpfen im Freiland, die im gleichen Rhythmus erfolgt, aber ohne daß aus- und eingetopft werden muß.

Zu den Helden, auch im kleinen Trog, gehören *Allium flavum* und dessen Sorte 'Minor', *A. huteri, Fritillaria camtschatcensis, F. nigra* var. *orientalis, Tulipa biflora, T. biebersteinii, Galanthus*-Arten. Sie alle sind erprobte Pflanzen. Verhältnismäßig gut gedeihen *Eranthis* (Winterling), *Chionodoxa*-Arten (Schneestolz), *Iris reticulata, I. histrioides* 'Major'. Die Kultur der botanischen Krokus ist gar nicht immer einfach, versuchenswert sind *Crocus ancyrensis, C. biflorus, C. chrysanthus* (und Sorten), *C. imperati, C. korolkowii, C. sieberi* und *C. tommasinianus.*

Liebhaber des kleinen Blumenzwiebelvolkes sollten sich wirklich überlegen, ob sie nicht die oben erwähnte Methode mit dem nur kurzzeitigen Gastspiel im Trog anwenden. – Wenn man britische Listen liest mit all den Kostbarkeiten, die für die Troggärtnerei empfohlen werden, kommt man sicher in Versuchung. Es handelt sich dabei um Pflanzen, die auf den Britischen Inseln normal in Trögen gehalten werden, aber England und Schottland sind eben nicht Mitteleuropa! Von der Größe her eignen sich folgende Zwiebel- und Knollenpflanzen. Sie können in Behältern mit größeren Durchmessern auch Dauergäste werden: *Anemone blanda* (in Sorten), *A. tschernjaewii, Brimeura amethystina, Bulbocodium vernum, Chionodoxa nana, C. sardensis, Cyclamen purpurascens, C. coum, Fritillaria aurea, F. crassifolia, F. latifolia, F. michailovskyi, F. pinardii, F. roderickii, F. tubiformis* var. *moggridgei, F. zagrica, Galanthus nivalis, Muscari bourgaei, Ornithogalum balansae, Puschkinia scilloides, Scilla bifolia, S. verna, Tulipa aucheriana, T. pulchella, T. schrenkii, T. tarda.* Der Liebhaber kleiner Zwiebelgewächse wird noch viele weitere entdecken. Manche dieser liebenswerten Zwerge sind so billig, daß man einen Versuch wagen kann.

Überhängende Pflanzen

Der Trog oder das sonstige Pflanzgefäß kann durchaus ein Schmuckstück sein, es kommt auf die Form, die Größe und besonders auf das Material an. Nicht unerheblich zum Gesamtbild trägt die Umgebung bei. In allen Flächen stehen die Wände des Pflanzgefäßes im Blickpunkt. Schöner Naturstein, oft mit einer arteigenen Färbung, kann schon eine auffällige Wirkung haben, besonders wenn seine Seitenflächen nicht völlig glatt, sondern etwas uneben, mit Ritzen und Vertiefungen versehen sind, also Spuren vom jahrzehntelangen Gebrauch zeigen. Bei einem Holztrog beleben die Maserung oder Aststummel das Ganze. Ungemein gewinnt das Aussehen, wenn Pflanzen verwendet werden, die an der Trogwand dekorativ herabwachsen oder herabhängen. Es ist einleuchtend, daß solche Pflanzen extremen Witterungsbedingungen ausgesetzt sind. Das ist nicht nur im Winter der Fall, sondern auch bei der sommerlichen Sonneneinstrahlung.

Von den einfachen Steingarten-Stauden lassen Blaukissen, Polsterphlox, Gänsekresse und manch andere auf der Südseite des Troges ihre Kissen an der Wandung herabhängen. Schäden durch die Wintersonne kaschieren sich meist im Frühling von selbst. Bei naturnah bepflanzten Behältern können Thymian-Arten und -Sorten herabhängen, ebenso Nelken, Schleierkraut, Igelpolster und andere Kleinstauden. Besonders schön wirken am Trogrand herabwachsende Zwerglaubgehölze. In meinem Garten gehören zwei zu den Favoriten: *Salix hylematica*, eine niedrige Zwergweide aus Nepal, und *Cotoneaster* 'Schneiderianus'. Beide schmiegen sich wirklich der Trogaußenseite an. Kriechende Koniferen eignen sich dazu weniger, ihr Wachstum setzt sich in der Horizontalen fort, wenn sie über den Trogrand hinaus wachsen. Eine Möglichkeit bietet sich bei *Juniperus procumbens* 'Nana', dessen Zweige mittels einer Schnur nach unten gebunden werden. Die Pflanze sieht dann gerade an Eckplätzen dekorativ aus. Die erzwungene Änderung der Wachstumsrichtung fixiert sich nach einiger Zeit.

Schöne Bilder ergeben sich auch bei der Verwendung von Zwergefeu-Arten. Die meisten halten viel mehr Kälte aus als erwartet, das gilt oft sogar für Sorten, die als Topfpflanzen gehalten werden. Wichtig ist einzig und allein der Schutz vor Wintersonne, die den Tod für den Efeu bedeutet oder zumindest starke Schädigungen hervorruft. Da diese Pflanze sowieso Halbschatten oder West- und Nordseiten, auch absonnige Plätze liebt, sind extreme Sonnenplätze zu meiden. Zusätzlich kann Koniferenreisig vor Wintersonne schützen. Bewußt gebe ich keine Sortenempfehlungen, da das Sortiment ziemlich bunt durcheinandergewürfelt ist und man selbst etwas experimentieren muß. Eine besondere Wirkung haben gelblich oder weiß panaschierte Sorten, unter denen es – wider Erwarten – auch recht winterharte gibt. Oft ist es erforderlich, einige Efeutriebe zu entfernen, wenige wirken oft besser als ein ganzes Büschel.

Auch bei den Sommerblumen gibt es Vertreter, die dekorativ herabhängen. Hier müssen das einjährige Schleierkraut *(Gypsophila elegans)*, Hängeverbenen, und die Ampelsorten vom Männertreu *(Lobelia)* erwähnt werden. Darüber hinaus bringen Steinrich *(Lobularia maritima)*, Glockenwinde *(Nolana)* und Husarenknopf *(Sanvitalia)* diesen Effekt.

Zwerggehölze

Zweifellos erhöhen Zwerggehölze das dekorative Aussehen von Trogbepflanzungen, andererseits werden nirgendwo so viele Fehler gemacht wie bei dieser Pflanzengruppe. Meist fällt die Wahl auf zu groß werdende Gewächse, so daß die Proportionen Trog-Gehölz-Kleinstauden bald gestört sind und eine Neubepflanzung notwendig wird. Bei größeren Gehölzen wird der Zuwachs, bedingt durch den beschränkten Wurzelraum in den Trögen, verzögert, aber nicht gestoppt. Es lohnt hier einfach nicht, beim Einkauf sparen zu wollen. Ein echtes Zwerggehölz muß über viele Jahre hinweg kultiviert werden, bis es seine Verkaufsgröße erreicht hat, und kann deshalb nicht nur 8 DM kosten. Das gilt besonders für die Zwergnadelgehölze. Die Auswahl in den Baumschulen ist auch bei echten Miniaturen in der Regel groß genug, doch man muß sich oft etwas bemühen, um eine bestimmte Sorte zu erhalten. Die teilweise notierten Höhenangaben beziehen sich auf die Kultur im freien Land nach etwa zehn Jahren.

Nadelgehölze

Abies. Die sehr verbreitete *Abies balsamea* 'Nana' wird zwar 1 m hoch im Alter, steht aber bei mir seit Jahren in einem kleinen Trog. *A. balsamea* f. *hudsonia* (50 bis 70 cm), *A. procera* 'Blaue Hexe' (bis 1 m), *A. concolor* 'Compacta' (bis 1 m), *A. koreana* 'Compact Dwarf' sind weitere brauchbare Pflanzen. Die allerkleinsten sind aber *A. cephalonica* 'Meyers Dwarf' (30 bis 50 cm) und *A. concolor* 'Piggelmee', die kaum über 30 cm hoch werden.

Cedrus. Auch die Zedern haben Zwergformen hervorgebracht wie *Cedrus libani* 'Prostrata' (30 cm hoch und 75 cm breit) und ebenfalls *C. libani* 'Sargentii'. Die Zweigspitzen der beiden genannten erfrieren in harten Wintern, treiben jedoch aus Reserveknospen nach. Mit der Zypernzeder, *C. brevifolia*, kann man es in milderen Gegenden in größeren Trögen versuchen, durch Schnitt wird sie in ihre Schranken verwiesen. Von allen Zedern bildet die zwergigste Form *C. libani* 'Pigmy', die nach 20 Jahren nur 30 cm hoch und 40 cm breit ist.

Chamaecyparis. Die Scheinzypressen haben sehr viele zwergige Formen hervorgebracht, aber über ihren Einsatz in Troggärten gehen die Meinungen auseinander, da sie etwas fremdartig anmuten. Nur die allerkleinsten sollen erwähnt werden: *Chamaecyparis lawsoniana* 'Aurea Densa', *C. obtusa* 'Coralliformis', 'Hage', 'Kosteri', 'Nana Aurea', 'Pygmaea' und 'Rigid Dwarf' sowie *C. pisifera* 'Plumosa Nana Aurea'. Schön und kompakt wirkt *C. obtusa* 'Chabo-yadori'. Es handelt sich dabei allerdings um eine Jugendform, die als älteres Exemplar an den Zweigspitzen in die Normalform zurückschlägt; diese Triebe werden abgeschnitten. Überall angeboten wird die beliebte Muschelzypresse, *C. obtusa* 'Nana Gracilis'. Die Pflanze kann zwar nach einem Vierteljahrhundert bis 3 m hoch werden, aber der langsame Wuchs läßt sie auch für Tröge empfehlen. Die Superzwerge sind *C. lawsoniana* 'Gnom' (25 cm) und 'Fletcheri Nana' (40 cm), *C. obtusa* 'Caespitosa' (20 bis 30 cm) und 'Intermedia' (30 cm), *C. pisifera* 'Miko' und 'Tsukumo' (30 cm).

Cryptomeria. Unter den Sicheltannen aus Japan finden sich sehr unterschiedliche Gestalten. Klein und kugelig wächst *Cryptomeria japonica* 'Vilmoriniana', welche sich im Winter bräunlich verfärbt, aber die – vor Wintersonne geschützt – seit Jahren bei mir in einem Trog ausdauert. Weiter kommt die Sorte 'Compressa', (80 cm bis 1 m) in Frage.

Wider Erwarten ist auch die langsam wachsende 'Bandai-sugi' überraschend winterhart.

Juniperus. Besonders beliebt ist der Zwergsäulenwacholder, *Juniperus communis* 'Compressa'. Auf die Empfindlichkeit gegenüber Wintersonne wurde schon an anderer Stelle hingewiesen. *J. procumbens* 'Nana' ist zwar ein kleiner Teppichwacholder, wächst aber mit der Zeit doch in die Breite. Wegen seines schönen Wuchses ist er auch für größere Tröge zu empfehlen, wobei die Zweige nach unten gebunden werden können. Ähnlich verhält es sich mit *J. horizontalis* 'Wiltonii'. *J. chinensis* 'Plumosa Aurea' wird zwar größer, ist aber wegen des schönen Wuchses für größere Tröge zu empfehlen; besonders bei magerem Stand und wenn jährlich Triebe zurückgestutzt werden. Die bekannte Sorte *J. squamata* 'Blue Star' ist sehr verbreitet. Sie läßt sich durch Schnitt in jeder Größe halten. Ein echter Zwerg ist *J. communis* 'Echiniformis', nur leider findet man die Pflanze nicht oft im Angebot.

Larix. Besonders von der Japanlärche, *Larix leptolepis*, gibt es neuerdings Zwerge, die sich zumindest für größere Tröge eignen.

Microbiota decussata wächst zwar in die Breite, dieses jedoch langsam. Sie ist für Trogecken durchaus brauchbar, falls es sich nicht um sehr kleine Gefäße handelt. Außerdem erweist sich die Pflanze als überraschend winterhart.

Picea. Bei den Fichten bieten sich die folgenden kleinwüchsigen an: *Picea abies* 'Echiniformis' (40 cm), 'Little Gem' (40 cm), 'Diffusa' (40 cm), 'Nana Compacta' (40 cm) und 'Humilis' (50 cm), *P. glauca* 'Conica Laurin' (Zwergzuckerhutfichte, jährlicher Zuwachs 2 bis 3 cm), *P. omorika* 'Minima' (25 cm) und 'Pimoco' (30 cm). Etwas höher werden die folgenden Sorten, sie sind aber doch noch gut brauchbar: *P. abies* 'Clanbrassilliana', *P. glauca* 'Alberta Globe', *P. mariana* 'Nana', *P. × mariorika* 'Machala'.

Pinus. Zweifellos sind die Kiefern die wichtigsten Zwergnadelgehölze für den

Unter den Scheinzypressen gibt es sehr viele zwergige Formen, zu den kleinen zählt *Chamaecyparis pisifera* 'Miko'.

Trog, da sie sehr winterhart sind und auch naturnahe Pflanzbilder ergeben. Echte Zwerge sind *Pinus leucodermis* 'Schmidtii' (60 cm, wächst sehr langsam), *P. mugo* 'Brevifolia' (50 cm nach zehn Jahren), 'Humpy' (etwas stärker wachsend) und 'Slavinii', *P. parviflora* 'Adocks Dwarf' (schön und langsam wachsend), *P. strobus* 'Krügers Liliput' (die Nadeln werden von Jahr zu Jahr kürzer), *P. sylvestris* 'Beuvronensis' (50 cm nach 25 Jahren). Etwas größer werden zwar die folgenden, sind aber noch gut zu empfehlen: *P. mugo* 'Mops', 'Allgäu', 'Jeddeloh' und 'Säntis', *P. parviflora* 'Nageshii', *P. pumila* 'Glauca'.

Podocarpus nivalis. Mit 30 bis 40 cm Höhe zu empfehlen, kann im Alter aber auch in die Breite gehen.

Taxus. Die Eiben sind mit etwas mehr Vorsicht zu betrachten, verschiedene als Zwerge angebotene Sorten werden zu groß. *Taxus cuspidata* 'Nana' ist nicht für kleine Tröge brauchbar. Klein bleibt *T. × media* 'Nidiformis' mit nur 25 cm Höhe nach zehn Jahren. Eine dekorative Gestalt zeigt *T. baccata* 'Amersfoort'. Sie kann zwar im Alter 1 m Höhe erreichen, was aber viele Jahre dauert.

Thuja. Zu den kleinen gehören *Thuja occidentalis* 'Little Gem' und 'Danica'. Etwas größer werden die folgenden, sie sind aber in vielen Fällen noch brauchbar: *T. orientalis* 'Little Champion', 'Tiny Tim' sowie 'Rosedalis Compacta'.

Thujopsis dolobrata 'Nana'. Die Jugendform vom Hiba-Lebensbaum wächst in halbschattigen Trögen dort gut, wo der Boden nie völlig austrocknet. Spitzen, die in die Normalform zurückschlagen, werden abgeschnitten.

Tsuga. Von den Hemlockstannen sind *Tsuga canadensis* 'Nana Gracilis' und *T. diversifolia* 'Nana' für größere Tröge in nicht zu warmer, vollsonniger Lage brauchbar, doch befinden sich weitere kleinere Zwerge »im Anmarsch« und werden in nächster Zeit in den Handel und in die Gärten kommen. Ungeduldige sollten die Pflanzenlisten englischer Anbieter studieren.

Laubgehölze

So wichtig Zwergnadelgehölze vor allem für eine schöne Wintersilhouette sind, noch wichtiger sind die vielen Zwerge unter den Laubgehölzen. Es gibt so viele (auch echte Miniaturen), daß nur eine beschränkte Anzahl hier aufgeführt werden kann.

Acer. Vom Japanahorn gibt es viele Sorten, die bei eingeschränktem Wurzelbereich sehr langsam wachsen, sie kommen aber trotzdem nur für größere Behälter in Frage. In einem eigenen kleineren Trog steht seit 15 Jahren der Zwerg *Acer palmatum* 'Ornatum'. Eventuell kann man es auch mit *A. japonicum* 'Aureum' versuchen.

Berberis. Bei den Berberitzen scheiden die kleinen immergrünen aus, ihre Härte läßt zu wünschen übrig. Nur an absonnigen, vor Wintersonne geschützten Stellen in etwas größeren Trögen kann es mit folgenden Sorten von *Berberis × stenophylla* versucht werden: 'Corallina Compacta', 'Crawley Gem' und 'Irwinii Gracilis'. Dagegen ist *B. thunbergii* 'Bagatelle' unempfindlich und gut brauchbar.

Die kleinwüchsige Fichte *Picea abies* 'Little Gem', dahinter der säulenartig wachsende Wacholder *Juniperus communis* 'Compressa'.

Betula. Auf die Arktische Zwergbirke wurde schon hingewiesen, von ihr gibt es auch echte Miniaturen: *Betula nana* 'Glengarry' und 'Walter Ingwersen'.

Buxus. Etwas größer werden 'Vadar' oder 'Vadar Valley', aber man kann die Pflanze immer gut durch Schnitt im Zaum halten. Wichtig ist, besonders wegen der sehr guten Winterhärte, *Buxus microphylla* var. *japonica* 'Nana'. Hübsch sieht auch die weißpanaschierte *B. sempervirens* 'Elegantissima' aus.

Cotoneaster. Von den Felsmispeln wächst *Cotoneaster adpressa* 'Little Gem' in einem eigenen Trog im Garten, wo die Pflanze bogige Triebe über die Trogwand herabtreibt. Nach innen wird hin und wieder ein Ast abgeschnitten. *C. congestus* paßt sich jeder Bodenbewegung an. Schön ist *C. microphyllus* 'Cochleatus', doch für die meisten Gegenden in Trögen zu frostempfindlich. Der kleinste kriechende Typ ist *C.* 'Schneiderianus', wesentlich wüchsiger zeigt sich *C.* 'Streibs Findling'. Es gibt noch weitere niedrig bleibende Typen, doch wachsen diese ziemlich in die Breite.

Cytisus. Es müssen schon etwas größere Tröge sein, wenn man den Zwerg-Elfenbeinginster, *Cytisus* × *kewensis*, pflanzen will. *C. decumbens* bleibt zwar niedrig, wächst aber in die Breite. Zumindest muß man die Triebe, die in das Troginnere reichen, von Zeit zu Zeit etwas einkürzen. Etwas höher, aber kompakter ist *C. ardoini*, von dem es auch eine Auslese mit dem Sortennamen 'Cottage' gibt. Erwähnenswert ist *C. demissus* mit nur 10 cm Höhe, aber auch diese Pflanze dehnt sich in die Breite aus.

Daphne. Betrachtet man das umfangreiche Seidelbast-Sortiment unter dem Gesichtspunkt der Verwendung im Trog, reduziert es sich beträchtlich. Für kleine Flächen sind *Daphne cneorum* 'Pygmaea' und 'Pygmaea Alba' ideal, auch *D. cneorum* 'Exima' (bzw. 'Ecimia') ist gut brauchbar, in größeren Trögen kommen die anderen Typen vom Rosmarinseidelbast in Frage. Einen echten Zwerg stellt *D. petraea* (10 cm) dar, nur geringfügig größer ist *D. petraea* 'Grandiflora', welche mehr Knospen ansetzt. Eine ähnliche Pflanze ist die schwachwüchsige und langlebige Hybride *D.* × *thauma*. Auch *D. alpina* muß hier genannt werden. In etwas größeren Behältern können *D. sericea, D.* × *rosettii, D. glandulosa* und *D. arbuscula* verwendet werden.

Deutzia. Einen echten Zwerg dieser Gattung stellt *Deutzia* 'Nikko' (etwa 30 × 30 cm groß) dar.

Euonymus. Bei den Spindelsträuchern gibt es für den Trog brauchbare Arten. Die attraktiven buntblättrigen Typen werden meist etwas groß, da sie aber jeden Schnitt vertragen, passen sie hierher. Dazu gehören Sorten wie *Euonymus* × *fortunei* 'Emerald Cushion', 'Emerald Gaiety', 'Emerald Gold' und 'Silver Queen'. Niedrig bleiben 'Kewensis' (8 cm) und 'Minimus' (10 cm). *E. nana* befindet sich selten im Angebot, gehört aber auch hierher.

Genista. Auch beim eigentlichen Ginster gibt es gut für die Troggärtnerei verwendbare Pflanzen. Ein echter Zwerg ist *Genista pulchella* (syn. *G. vilarsii*). Weiter eignen sich *G. sagittalis* var. *minor* (syn. *G. delphinensis*), *G. pilosa* 'Minor' und 'Nana', für etwas größere Tröge passen auch *G. hispanica* 'Compacta', *G. radiata* 'Tremeczo', *G. horrida, G. sylvestris* var. *pungens*. Wichtig sind die Ginster-Arten im Trog, besonders wegen ihrer Resistenz gegenüber Sonne und Trockenheit.

Ilex. Verschiedene Zwergformen von *Ilex crenata* können verwendet werden, doch sind sie nicht immer ausreichend winterhart, zumindest benötigen sie Schutz vor Wintersonne. Ein ausgesprochener Edelstein für den Trog ist *I. crenata* 'Mariesii' mit einem minimalen jährlichen Zuwachs.

Potentilla. Die Zwergsorten vom Fingerstrauch gehören nur in größere Behälter. Die kleinsten sind *Potentilla fruticosa* var. *mandshurica* (weiß), *P. fruticosa* 'Dwarf Yellow' (gelb) und 'Red Ace' (rot).

Rhamnus pumilus. Der Zwergkreuzdorn ist mit seinen anschmiegsamen Trieben gut brauchbar.

Rhododendron. Die heimischen Arten *Rhododendron hirsutum, R. ferrugineum* und die Hybride *R. × intermedium* eignen sich nur für große Tröge, und nur sofern man sie als Jungpflanze ansiedelt. Folgende fremdländische haben sich in Trögen bewährt: *R. aureum, R. calostrotum* ssp. *kelecticum, R. camtschaticum, R. hanceanum* 'Nanum', *R. impeditum* (zwergige Formen), *R. myrtifolium, R. sargentianum × R. myrtifolium, R. tapetiforme*. Dazu kommen einige zwergige Azaleen-Hybriden wie die robusten 'Pink Drift', 'Kermesina' und andere. Bodenreaktion beachten (siehe Seite 32 und 52).

Rubus calycinoides (syn. *R. fockeanus*). Die Blätter der ganz niedrigen immergrünen Brombeere sehen dekorativ aus, doch muß hin und wieder eingekürzt werden, und Schutz vor Wintersonne ist nötig.

Salix. Zu den verbreitetsten Weiden gehören *Salix reticulata* und *S. serpyllifolia*, beide sind aber nicht immer ganz einfach zu kultivieren. Besser wachsen *S. retusa* und *S. retusa* 'Pygmaea', *S. hylematica, S. arbuscula* 'Humilis' und *S. apoda* 'Male Form'. Mit zunehmender Troggröße weitet sich auch das zur Verfügung stehende Weidensortiment aus. Eine der wichtigsten aufrechtwachsenden Weiden, auch für kleinere Pflanzflächen, ist *S. × boydii*.

Sorbus. Die Zwergeberesche, *Sorbus reducta*, paßt mit 40 bis 60 cm Höhe an viele Troggartenplätze.

Spiraea. In größere Pflanzflächen können zwergige Spiersträucher gesetzt werden. Die kleinsten sind *Spiraea bullata*, die *S.*-Bumalda-Hybriden 'Little Princess' und 'Nyewoods'.

Ulmus. Eine hübsche Pflanze ist *Ulmus elegantissima* 'Jacqueline Hillier', nur kann sie ganz schön groß werden. Aus zwei Gründen wird sie hier doch aufgeführt: Der enge Wurzelbereich im Trog bremst den Zuwachs gehörig, und die Sorte verträgt jeden Rückschnitt. Noch zwergiger wirkt *U. davidianus* var. *pygmaeus*.

Kleine Gräser

Zu einer naturnahen Trogbepflanzung gehören unbedingt Gräser. Sie zählen zu jenen Elementen, die dazu beitragen, daß eine Bepflanzung während der gesamten Vegetationszeit gut aussieht – und nicht nur im Mai und Juni. Sowohl die Färbung als auch die Form tragen dazu bei. So groß das Ziergrassortiment derzeit sein mag, die Anzahl der echten Zwerge läßt sich noch leicht überschauen.

Alopecurus lanatus. Das Fuchsgras wird nur etwa 10 cm hoch, es ist wegen seiner starken Nässeempfindlichkeit entsprechend vorsichtig zu behandeln.

Bouteloua oligostachya. Dieses Gras mit waagerechten Ähren kann bei größeren Trogflächen mitverwendet werden, obwohl es etwas höher wird. Sonnig und trocken pflanzen.

Carex. Die Seggen steuern einige gute Gräser für den Trog bei. Der Zwerg ist *Carex firma*, besonders die Form mit dem gelben Randstreifen 'Variegata'. Die Monte-Baldo-Segge *Carex baldensis* muß erwähnt werden. *C. humilis* und *C. montana* können bei größeren Trogflächen verwendet werden. Wichtig ist ebenso die Vogelfußsegge, *C. ornithopoda*, und ihre weiß panaschierte Form 'Variegata'. Wer Farbe in die Pflanzung bringen will, kann die braungefärbten *C. comans* und *C. petriei* pflanzen (letztgenanntes benötigt etwas Winterschutz) oder die gelbgrün panaschierte *C. hachijoensis* 'Evergold' (auch als *C. h.* 'Ingwersen' bekannt).

Festuca. Die Schwingel-Arten werden meist schon etwas zu groß, aber *Festuca valesiaca* paßt mit der kleinen Sorte 'Glaucantha' und der schönen 'Silbersee'. Aus England sind Miniaturen unter den Bezeichnungen *F. ovina* 'Minima' und *F. gracile* 'Nana' bekannt. Für trockenheiße Plätze paßt *F. punctoria. F. scoparia*, der Bärenfellschwingel, dehnt sich zwar in die Breite aus, aber an manche Außenplätze bei größeren Trögen paßt er noch. Das gilt auch für den Gletscherschwingel, *F. glacialis*.

Die Vogelfußsegge *Carex ornithopoda* 'Variegata' bringt mit weißgestreiften Blättern Abwechslung in die Trogbepflanzung.

Robuste Farne gedeihen sogar auf Tuffsteinen.

Koeleria. Von den Schillergräsern gehört *Koeleria glauca* hierher. Es gibt verschiedene Typen im Handel, die niedrigen mit 15 bis 20 cm Höhe sind brauchbar.

Luzula groenlandia 'Atrata' bildet keine umwerfende Schönheit, und der Name ist etwas fraglich. Sie kann jedoch an manchen Plätzen eingesetzt werden.

Poa abreviata ist das kleinste der hier aufgeführten Gräser. Das Arktische Rispengras wird nur 2,5 bis 3,5 cm hoch und bildet oft nur handtellergroße »Rasen«.

Sesleria. Auch das Silberschopfgras hat einen niedrigen Vertreter, der in Tröge paßt: *Sesleria rigida*.

Miniaturfarne

Die meisten Tröge stehen exponiert an vollsonnigen Plätzen, und es ist einleuchtend, daß deshalb keine große Auswahl an Farnen besteht. Es bleiben bei näherer Betrachtung der Schriftfarn und mit Einschränkung kleinere Formen vom Hirschzungenfarn. Andererseits gibt es in vielen Trögen, bei denen Gehölze mit-

verwendet werden, schattierte Plätze, oftmals auch schon hinter einem größeren eingebauten Stein. Wesentlich erweitert sich das brauchbare Farnsortiment bei Trögen, die im Halbschatten oder absonnig stehen. Bei größeren Trögen können die Miniaturen bodendeckender Farne eingesetzt werden.

Adiantum. Der kleine Zwerg-Pfauenradfarn, *Adiantum pedatum* var. *aleuticum*, kommt in halbschattigen und absonnigen Trögen erst richtig zur Geltung, man sollte auf ihn nicht verzichten. Fast einem Gewächshausfarn ähnelt *A. venustum*. Dieser Farn aus dem Himalaja (Himalaja-Venushaarfarn) eignet sich noch für größere Pflanzflächen, wenn man seinen Ausbreitungsdrang etwas eindämmt. Leider sind zwei unterschiedliche Typen verbreitet, ein weniger und ein völlig winterharter. Der letztgenannte ist für Tröge geeignet und erweist sich trotz seines zarten Aussehens als ziemlich sonnenresistent.

Asplenium sind wichtige Kleinfarne, die auch vorübergehende Trockenperioden unbeschadet überdauern. An erster Stelle ist der Braunstielige Streifenfarn zu nennen, *Asplenium trichomanes*. Die Einsatzmöglichkeiten kann man für ihn als universell bezeichnen, sofern kein zu vollsonniger Platz vorhanden ist. Eine Steigerung davon bedeuten die Kammform 'Ramo Cristatum' und 'Incisum'. Ähnlich, aber etwas trockenheitsempfindlicher ist der Grünstielige Streifen-

farn, *A. viride*. Unempfindlich, aber weniger attraktiv ist die Mauerraute, *A. ruta-muraria*. Weiter können hier verwendet werden: *A. fontanum* (Jura-Streifenfarn, kalkliebend), *A. septentrionale* (Nordischer Gabelstreifenfarn, Kalkhasser).

Athyrium filix-femina 'Bornholmense' gleicht im Aussehen der Stammform, bleibt aber nur ganz klein. Der hübsche Farn paßt an viele, auch teilsonnige Plätze. Nur für etwas größere Tröge eignet sich *Athyrium* 'Minutissima'.

Blechnum penna-marina f. novae-zelandiae. Dieser Miniatur-Rippenfarn aus fernen Breiten bildet kleine Teppiche und eignet sich für manchen halbschattigen Trogplatz. Er liebt sauren Boden.

Ceterach officinarum. Der Schriftfarn ist der eigentliche Farn für sonnige Plätze. Wird es ihm einmal zu trocken, rollt er sich zusammen, um nach einem Regen in alter Frische dazustehen.

Phyllitis scolopendrium. Bei der formenreichen Hirschzunge finden sich auch für Tröge geeignete Sorten, die sich oft wider Erwarten als gut sonnenbeständig erweisen. Der Zwerghahnenkamm-Hirschzungenfarn gehört hierher, 'Ramo Cristata Nana', oder die Sorten 'Cristata', 'Capitata', 'Digitata Cristata', 'Ramosa Cristata'. Bei größeren Flächen kommen weitere Hirschzungen-Typen hinzu.

Außer den genannten Farnen kommt für Behälter mit größerem Durchmesser noch manch weitere Art in Frage, wie *Currania robertiana*, *Cystopteris bulbifera*, *Cystopteris fragilis*, *Polypodium interjectum* und Sorten, *Polypodium vulgare*, *Woodsia polystichoides*.

Kleinstes bei Sommerblumen

Es wurde schon darauf hingewiesen, daß Sommerblumen für Tröge, Kübel und andere Behältnisse den Stauden gleichwertige Pflanzen sind. Es ist eine persönliche Entscheidung, welcher Bepflanzung man den Vorzug gibt. Selbst den extremen

Möglichkeiten – hier naturnahe Wildstaudenpflanzung und dort Verwendung von prachtvollen, züchterisch stark bearbeiteten Annuellen – muß man gleiche Berechtigung einräumen. Durchaus lassen sich beide Gestaltungsformen in einem Garten vereinigen, nur nicht gerade nebeneinander gestellt. Im Garten gibt es schließlich genügend unterschiedliche Situationen. Die beiden Abschnitte »Annuelle – klein, aber farbenfroh« und »Kombinationen von Kleinstauden mit Sommerblumen« führen verschiedene Hinweise hinsichtlich der Verwendung auf. Eine Auswahl von Sommerblumen, die sich für die Verwendung in Trögen gut eignen, gibt die folgende Aufstellung wieder. Man sollte sich im klaren darüber sein, daß bei großflächigeren mobilen Gärten die Anzahl der geeigneten Arten und Sorten stark steigt. Noch einmal der Hinweis, daß nicht alle aufgeführten Sommerblumen gute Kombinationspflanzen zu Kleinstauden sind (diese wurden bei den Kombinationen von Kleinstauden mit Sommerblumen angeführt). Manche Sommerblumen wirken zu prächtig, sie gehören unter ihresgleichen.

Grundsätzlich eignen sich alle Chinenser-Nelken für die Trogbepflanzung. Besonders niedrig bleibt aber die 'Princess'-Serie, hier in reizvoller Gesellschaft mit Sukkulenten.

Hinweise für die Verwendung von Sommerblumen mit Kleinstauden siehe Seite 70.

Ageratum houstonianum, Leberbalsam. Blaue Blütenfarben sind immer Mangelware, deshalb hat der Leberbalsam für die unterschiedlichsten Pflanzbehälter eine wichtige Bedeutung. Hier ist unbedingt auf die Größe der Sorte zu achten, da es auch Sorten für den Schnitt gibt, die 60 cm hoch und höher werden. Zu den niedrigen, bis 15 cm hohen Sorten gehören 'Blue Blazer', 'Blaue Donau', 'Blaue See Tetra', 'Nordmeer', 'Summer Snow' (weiße Kontrastfarbe!).

Amaranthus, Fuchsschwanz. Da in etwas größeren Pflanzbehältern auch eine Sommerblumenpflanzung Bewegung aufweisen soll, dürfen Kleinausgaben von aufrechtwachsenden Pflanzen wie der Fuchsschwanz nicht fehlen. Sie besitzen allerdings keine hängenden Blütenstände, sondern aufrechte. *Amaranthus cruentus* 'Grüner aufrechter Gnom' wird nur etwa 30 cm hoch. 'Öschberg' mit 35 bis 40 cm kann ein Partner mit roter Farbe sein.

Anchusa capensis. Ochsenzunge. Die Sorte 'Blauer Engel' ist mit nur 25 bis 30 cm die niedrigste Ausgabe.

Antirrhinum majus, Löwenmaul. Es gibt reizende niedrige Sorten, die auch oft dekorativ über den Behälterrand herunterhängen: 'Blütenteppich', 'Colibri F_1', 'Dwarf Trumpet Serenade', 'Floral Carpet F_1', 'Sweetheart F_1', 'Wunderteppich'. Teils handelt es sich um bunte Farbmischungen, teils gibt es die Sorten in Einzelfarben.

Begonia-Semperflorens-Hybriden, Gottesaugen. Praktisch bleiben alle klein und können verwendet werden. Die 'Eureka'-Serie, die 'Vollendung'-Serie und die Sorte 'Whisky' sind besonders niedrig.

Callistephus chinensis, Sommeraster. Diese Zwerge sind besonders als Reservepflanzen wichtig, da manchmal auch im Sommerblumentrog im Spätsommer oder Herbst die eine oder andere Pflanze mit der Blüte nachläßt. Dann ist es hilfreich, mit einigen Topfpflanzen von Sommerastern unschöne Stellen zu kaschieren. Bis etwa 20 cm hoch werden die folgenden Sorten, wenn sie nicht zu mastig gezogen werden: 'Dingi', 'Farbenteppich', 'Tausendschön', 'Zwergkönigin'.

Calceolaria integrifolia, Pantoffelblume. In einer Höhe von 20 bis 30 cm bewegen sich die Sorten 'Goldari', 'Goldbukett', 'Golden Bunch'.

Calendula officinalis, Ringelblume. Auch bei der altbekannten Ringelblume gibt es Zwerge. Es ist wichtig, im Trog immer gleich alles Verblühte abzuschneiden, um einen möglichst langen Dauerflor zu erreichen. Die Sorten 'Anagor', 'Double Lemon Coronet' und 'Gitana' seien genannt.

Celosia argentea, Federbusch- und Hahnenkamm-Celosie. Dieser Pflanze kommt im Trog eine besondere Bedeutung zu, sofern der Pflanzbehälter vollsonnig steht und dadurch der Wurzelbereich erwärmt wird. In klimatisch weniger begünstigten Lagen wurden mit diesen Pflanzen bisher nur negative Erfahrungen gesammelt. Bis 25 cm hoch werden von den Federbusch-Celosien die folgenden: 'Miss Nippon', 'Federspiel', 'Scarlet Gem', 'Kewpie', 'Goldfeder', 'Feuerfeder', 'Kimono' und von den Hahnenkamm-Celosien: 'Olympia', 'Rotkäppchen' und 'Korallengarten-Farbwunder'.

Chrysanthemum, Margerite. Die Arten *Chrysanthemum multicaule* und *C. padulosum* sind brauchbar, wenn sich ihre Blütenpracht oft auch zu früh erschöpft. *C. parthenium*, die gefüllten Kamillen, sind wichtig, besonders die Neuheit 'Santana', aber auch 'Schneezwerg', 'Sternenmeer', 'Tom Thumb' und 'Weißer Stern'. Bedeutung für Tröge hat die vor einigen Jahren erst eingeführte *C. tenuiloba* (syn. *Thymophilla tenuiloba*) mit gelben Blüten.

Coleus-Blumei-Hybriden, Buntnessel. Die kleinen Formen sind deshalb wichtig, weil sie auch noch gut in halbschattigen Trögen wachsen: 'Carefree', 'Wizard-Mischung', 'Sieben Zwerge'.

Cuphea ignea, Zigarettenblümchen, Köcherblümchen. Die Pflanze hat keine Fernwirkung, aber gerade in Pflanzbehältern, die dem Auge näher sind, kommen die Blüten besser zur Geltung. 'Medaillon' wird 25 bis 30 cm hoch.

Dahlia, Dahlie. Gerade in letzter Zeit wurden verstärkt auch echte Miniaturen angeboten. Vegetativ zu vermehrende Namenssorten sind die folgenden Topmix-Dahlien: 'Andrea', 'Bonne Esperance', 'Inflamation', 'Ele', 'Kasperle', 'Pupy', 'Sonnenkind', 'White Liliput'. Dies sind Sorten, die man als Knollen kauft und die sich für eine gemeinsame Verwendung mit Sommerblumen eignen, Höhe etwa 30 cm. Als Sommerblumen werden die folgenden generativ zu vermehrenden Sorten behandelt: 'Figaro', 'Fresco', 'Gartenfreude', 'Mignon', 'Rigoletto', 'Ultra-Zwerg'. Es wurden nur die niedrigsten Sorten mit bis zu 30 cm Höhe genannt.

Dianthus chinensis, Chinenser-Nelke. Alle sind brauchbar. Von den F_1-Hybriden bleiben die 'Princess'- und die 'Charm'-Serie besonders niedrig. Erwähnung verdient unbedingt noch die Sorte 'Snowfire'.

Dianthus barbatus, Bartnelke. Es gibt einige niedrige Sorten, die auch einjährig kultiviert werden: 'Wee Willie' und 'Karussell' ('Roundabout').

Dianthus caryophyllus, Nelke. Es gibt vermehrt Sorten, die 25 cm Höhe kaum überschreiten, wie 'Cavalier', 'Juliette', 'Knight-Serie', 'Liliput', 'Ritter-Serie'.

Dorotheanthus bellidiformis, Mittagsblume, ist ideal für Tröge, doch muß die kurze Blütezeit einkalkuliert und durch entsprechende Nachbarpflanzen kaschiert werden. *Dorotheanthus oculatus* 'Lunette' ist ein gleichmäßig gelbes Gegenstück.

Eschscholzia, Kalifornischer Mohn. Die meisten Sorten werden zu hoch und zu breit. In Randpartien größerer Tröge paßt 'Double Ballerina Mixed'. Ein echter Zwerg ist *Eschscholzia caespitosa* 'Sundew'.

Gazania, Gazanie, Mittagsgold. Hier tut sich züchterisch allerhand. Die 'Ministar'-Einzelfarben und die Mischung sind sehr wichtig, in sonnig-warmen Trögen entfalten sie ihre Pracht. Verblühtes wegschneiden! Auch die 'Morgensonne'-Prachtmischung bleibt niedrig.

Godetia grandiflora, Sommerazalee. An Ort und Stelle wird in Pflanzlücken ausgesät. 25 cm hoch werden 'Bunte Zwerg-Mischung' und 'Niedere Schaumischung'.

Gomphrena globosa, Kugelamaranth. Ganz niedrig bleiben 'Buddy' mit 15 cm Höhe und deren weißes Gegenstück 'Bianca'.

Helianthus annuus. Bei größeren mobilen Gärten können die nur etwa 60 cm hohen Sorten 'Niedrige Sonnengold', 'Teddybär' ('Dwarf Sungold') verwendet werden.

Helichrysum bracteatum, Strohblume. Geeignet ist 'Bunter Bikini' mit 30 cm Höhe, doch sollte man die kurze Blühdauer beachten.

Impatiens-Walleriana-Hybriden, Fleißige Lieschen, können auch in Trögen an einem nicht zu vollsonnigen Platz stehen. Halbschattige oder teilsonnige Plätze eignen sich. Die Pflanze ist durch ihre lange und reiche Blütezeit sehr wichtig. Oft wächst sie bis zum Herbst dekorativ über den Trograd. Was sich zum Troginnern hin zu sehr ausbreitet, wird weggeschnitten. Die niedrigsten Sorten sind 'Accent', 'Fortuna Compacta', 'Penny' und 'Piccolo'.

Lobelia erinus, Männertreu, ist ebenfalls sehr wichtig für Tröge. Eine Sortenaufzählung erübrigt sich, da sich alle eignen, auch die sogenannten Ampel-Lobelien, die dekorativ über den Rand herunterhängen. Rückschnitt nach der Blüte!

Lobularia maritima, Duftsteinrich, hat sehr große Bedeutung, auch als Lückenbüßer. Nach dem Verblühen zurückschneiden, um zu neuer Blüte anzuregen. Die Pflanzen wachsen oft am Trograd herab. Sorten: 'Alice', 'Bengali', 'Königsteppich', 'Orientalische Nächte', 'Rosy o'Day', 'Schneehaube', 'Schneeteppich', 'Snowdrift', 'Wonderland Deeprose' und 'Wonderland White'. Die beiden letztgenannten werden nur 6 cm hoch.

Melampodium paludosum 'Medaillon'. Nur für Randplätze in größeren Behältern geeignet, wo die Triebe am Rand herabhängen können.

Phlox drummondii, Einjahrsphlox. Es gibt niedrige Sorten wie 'Compacta Prachtmischung' und 'Compacta Sternenzauber', auch die neue rosafarbene Sorte 'Paloma' bleibt klein, doch befriedigt ihre Blühdauer oft nicht.

Polygonum capitatum, Polsterknöterich. Die Art und die Auslesesorte 'Afghan' bleiben niedrig, können sich aber in die Breite ausdehnen, deshalb sollte man ihnen Randplätze reservieren.

Portulaca grandiflora, Portulak-Röschen. Alle Sorten eignen sich. Die gefüllten sind wegen der längeren Blütezeit vorzuziehen.

Salvia splendens, Feuersalbei. Manche Sorten werden nur etwa 20 cm hoch, dazu gehören 'Carabiniere', 'Fury', 'Inferno', 'Leuchtfunk', 'Scharlachzwerg' (= 'Piccolo').

Sanvitalia procumbens, Husarenknopf. Von der Höhe her passen alle Sorten in größere Tröge, doch ist ihr Ausbreitungsdrang – besonders an sonnigwarmen Pflanzplätzen – zu berücksichtigen. Randplätze bevorzugen!

Senecio bicolor, Kreuzkraut, Greiskraut. Die silbergrauen Blätter sind als verbindender Farbton auch bei kleinen Flächen wichtig. 'Silverdust' wird bei nicht zu üppigem Stand nur 15 cm hoch, nur wenig höher wächst 'Silberzwerg'.

Tagetes, Tagetes, Studentenblume, Sammetblume. Hier ist das Angebot an niedrigen Sorten zu breit, daß es keiner Sortenaufstellung bedarf. Lediglich auf die ganz kleine 'Piccolo'- und 'Cupido'-Serie sei hingewiesen. Auch die einfache *Tagetes tenuifolia* verdient Beachtung mit der Mischung 'Ornament' und den Sorten 'Carina', 'Gnom' und 'Lulu'.

Verbena-Hybriden, Verbenen, Eisenkraut. Neben anderen, nur 25 cm hohen Sorten ist besonders die Serie 'Derby' wichtig, die es in verschiedenen Farben gibt. Richtige »Paukenschläge« sind 'Sangria' und 'Sparkle'. Hängeverbenen haben für den Trograndod Bedeutung!

Zinnia elegans, Zinnie. Es gibt immer mehr niedrige, polsterartige Sorten: 'Dasher'-Serie, 'Peter Pan'-Serie, 'Pulcino'-Mischung. Den absoluten Zwerg mit nur 15 bis 20 cm Höhe bildet die 'Thumbelina'-Mischung.

Verbenen ergeben leuchtende Farbkleckse. Bei der Auswahl ist auf niedrige, polsterartig wachsende Sorten zu achten.

Anhang

Literaturverzeichnis

Ashberry, A.: Miniature Gardens. C. Arthur Pearson Ltd., London 1951.

Bärtels, A.: Zwerggehölze. Verlag Eugen Ulmer, Stuttgart 1983.

Carl, J.: Miniaturgärten in Trögen, Schalen und Balkonkästen. Verlag Eugen Ulmer, Stuttgart 1978.

Denkewitz, L.: Heidegärten. Verlag Eugen Ulmer, Stuttgart 1987.

Elliot, J.: Alpines in Sinks and Troughs. Alpine Garden Society, England 1974.

Encke, F.: Zwergsteingärten. Franckh'sche Verlagshandlung, Stuttgart 1978.

Foerster, K., Röllich, B.: Einzug der Gräser und Farne in die Gärten. Verlag Eugen Ulmer, Stuttgart 1988.

Foerster, K.: Der Steingarten der sieben Jahreszeiten. Verlag Eugen Ulmer, Stuttgart 1987.

Heath, R. E.: Rock Plants for Small Gardens. Collingridge, London 1969.

Hills, D. L.: Miniature Alpine Gardening. Faber and Faber Ltd., London 1944.

Hörstert, W.: Der Heidegarten. BLV Verlagsgesellschaft, München 1984.

Jelitto L., Schacht, W., Fessler, A.: Die Freilandschmuckstauden. Verlag Eugen Ulmer, Stuttgart 1985.

Maatsch, R.: Das Buch der Freilandfarne. Paul Parey, Berlin, Hamburg 1980.

Köhlein, F.: Freilandsukkulenten. Verlag Eugen Ulmer, Stuttgart 1977.

Köhlein, F.: Saxifragen. Verlag Eugen Ulmer, Stuttgart 1980.

Köhlein, F.: Iris. Verlag Eugen Ulmer, Stuttgart 1981.

Köhlein, F.: Primeln. Verlag Eugen Ulmer, Stuttgart 1984.

Köhlein, F.: Enziane und Glockenblumen. Verlag Eugen Ulmer, Stuttgart 1986.

Köhlein, F.: Kleine Pflanzen für kleine Gärten. Verlag Eugen Ulmer, Stuttgart 1989.

Schacht, W.: Der Steingarten. Verlag Eugen Ulmer, Stuttgart 1975.

Welch, H. J.: Manual of Dwarf Conifers. Theophrastus, New York 1979.

Wocke, E.: Die Kulturpraxis der Alpenpflanzen. Reprint. O. Koeltz, Königstein 1977.

Zander, E.: Handwörterbuch der Pflanzennamen. Bearbeitet von F. Encke, G. Buchheim und S. Seybold. Verlag Eugen Ulmer, Stuttgart 1984.

Wichtige Pflanzenliebhaber-Gesellschaften

Gesellschaft der Staudenfreunde e. V.,
Dörrenklingenweg 35,
7114 Untersteinbach (Hohenlohekreis)

Alpine Garden Society,
c/o E. M. Upward, Lye-End Link,
GB-St. John's Working,
Surrey GU21 1SW, England

Scottisch Rock Garden Club,
Secretary: Miss K. M. Gibb,
21 Merchiston Park,
GB-Edinburgh EH10 4PW, Schottland

American Rock Garden Society,
Secretary: Buffy Parker,
15 Fairmead Road,
Darien, CTO 6820, USA

Bezugsquellen

Die folgende Aufstellung soll eine Hilfe sein; die Liste ist keinesfalls vollständig, sondern es sind dem Autoren bekannte Firmen genannt, die zahlreiche der aufgeführten Pflanzen führen. Darüber hinaus bieten viele weitere Staudengärtnereien, Gartencenter, Baumschulen und auch mancher Marktgärtner geeignetes Material an. Spezielle Pflanzen erhält man durch den Tausch mit Gleichgesinnten, man findet sie in in- und ausländischen Pflanzenliebhaber-Gesellschaften. Die Adressen einiger sind am Schluß dieser kleinen Aufstellung angeführt. Ein weiterer Hinweis betrifft die Kataloganforderungen. Gärtnereien und Baumschulen sind kommerzielle Betriebe, die nicht vom Idealismus leben. Kataloge sind in der Herstellung oft teuer, und die Forderung nach einer Schutzgebühr ist daher berechtigt.

Bundesrepublik Deutschland

Joachim Carl, Alpengarten Pforzheim,
7530 Pforzheim-Würm
Gutes Sortiment, auch Raritäten auf dem Stauden- und Gehölzsektor

Gartencenter Feustel, Königsallee 45,
8580 Bayreuth
Auch Alpine und Zwerggehölze, kein Versand

Hans Götz, Staudengärtnerei,
Schramberger Straße 65, 7622 Schiltach
Gutes Sortiment, auch Gehölze

Staudengärtnerei M. Kahl,
Goldbergweg 110, 4407 Emsdetten
Alpenpflanzen, besonders *Sempervivum*

Kayser und Seibert, Odenwälder Pflanzenkulturen,
Wilhelm-Leuschner-Straße 85,
6101 Roßdorf 1
Umfangreiches Stauden- und Gehölzsortiment

Staudengärtner Klose, Rosenstraße 10,
3503 Lohfeld bei Kassel
Reichhaltiges Sortiment

Rolf Peine, Staudengärtnerei,
Mariabrunner Straße 71,
8000 München
Auch Wildstauden-Raritäten

Walter Radloff, Gartencenter,
Schmieglinger Straße 54,
8500 Nürnberg,
Kein Versand

Max Schleipfer, Sedelweg 71,
8902 Neusäss bei Augsburg
Auch Raritäten aus Neuseeland, kein Versand

Dr. Hans und Helga Simon, Sortiments- und Versuchsgärtnerei,
Staudenweg 2, 8772 Marktheidenfeld
Umfangreiches Sortiment, auch Zwerggehölze

F. Sündermann, Alpengarten,
Äschacher Ufer,
8990 Lindau am Bodensee
Großes Alpenpflanzen-Sortiment, auch Zwerggehölze

Günther Wauschkuhn, Staudengärtnerei,
3510 Hannoversch Münden
Steingartenpflanzen, Zwerggehölze

Staudengärtnerei Gräfin von Zeppelin,
Laufen in Baden, 7811 Sulburg 2
Reichhaltiges Sortiment, besonders *Sempervivum*

Frankreich

Horticulture Ghislaine Barrere,
Gariat Mondavezan, F-31220 Cazères

Großbritannien

Jack Drake, Avimore PH22 1QS,
GB-Inverness-Shire, Schottland
Alpine, auch Raritäten

W. E. Th. Ingwersen Ltd. East Grinstead
RH19 4LE West Sussex, England
Umfangreiches Sortiment von Alpinen
und Zwerggehölzen

Potterton and Martin, The Cottage Nursery, Moortwon Road,
GB-Nettleton Caistor., Linc. LN7/6HX

The Wansdyke Nursery, Hillworth,
GB-Devizes Wilt. SN10 5HD,
Zwergnadelgehölze

Österreich
F. Feldweber, Staudengärtnerei,
A-4974 Ort im Innkreis
Alpen- und Steingartenpflanzen, umfangreiches Sortiment

Gerhild Mattuschka,
Kärtner Blütenstauden,
A-9061 Klagenfurt-Wölfnitz,
Emmersdorf
Alpine und Steingartenstauden, schönes
Sortiment

Schweiz
J. Eschmann, Alpengarten,
CH-6032 Emmen
Enorm großes Sortiment, auch Zwerggehölze

H. Frei, Gärtnerei und Staudenkulturen,
CH-8461 Wildensbuch bei Schaffhausen
Umfangreiches Sortiment, auch Raritäten

Register

**Halbfett gedruckte Ziffern verweisen auf
Abbildungen**

Bildquellen

Zeichnungen

Marlene Gemke, Germering: Seite 12, 13 unten, 17 oben, 19, 20, 21, 24, 38 (2), 39, 40 oben, 41, 45, 50, 52, 58, 68, 69, 70.

Joannis Selveris, Kernen: Seite 13 oben, 16, 17 unten, 40 unten, 66 (2).

Farbfotos

Alois Felbinger, Leinfelden-Echterdingen: Seite 33, 47, 68.
Alle anderen Fotos stammen vom Autor.